Wilhelm Emmanuel Ketteler

Die wahren Grundlagen des religiösen Friedens

Wilhelm Emmanuel Ketteler

Die wahren Grundlagen des religiösen Friedens

ISBN/EAN: 9783743455528

Hergestellt in Europa, USA, Kanada, Australien, Japan

Cover: Foto ©Lupo / pixelio.de

Manufactured and distributed by brebook publishing software (www.brebook.com)

Wilhelm Emmanuel Ketteler

Die wahren Grundlagen des religiösen Friedens

Die wahren Grundlagen des religiösen Friedens.

Eine Antwort

auf die

von Herrn Prälaten Dr. Zimmermann und der evangelischen Geistlichkeit Hessens erhobene Anschuldigung wegen „Verunglimpfung des evangelischen Glaubens."

Von

Wilhelm Emmanuel, Freiherrn von Ketteler,

Bischof von Mainz.

Mainz,
Verlag von Franz Kirchheim.
1868.

Mainz,
Druck von Franz Sausen.

Vorwort.

Indem ich den vorliegenden Gegenstand öffentlich bespreche, hoffe ich dadurch nicht dem Unfrieden, sondern dem Frieden, nicht dem Streite, sondern der Versöhnung zu dienen.

Diese Schrift soll zwar auch den Angriff der Adresse, welche der Herr Prälat Dr. Zimmermann im Auftrage der evangelischen Geistlichkeit unseres Großherzogthums am 31. März 1867 Sr. Königlichen Hoheit dem Großherzog eingereicht hat und worin behauptet wird, daß in meinen Hirtenbriefen „eine Menge von Verunglimpfungen und Herabwürdigungen des evangelischen Glaubens" enthalten seien, abweisen. So schwer aber auch dieser Vorwurf sein mag und so sehr ich deßhalb, da ich ihn für gänzlich unbegründet erklären kann, veranlaßt bin, diese öffentliche vor Sr. Königlichen Hoheit dem Großherzog erhobene Anklage öffentlich zurückzuweisen, so liegt doch der Hauptzweck dieser Schrift weit über dieser persönlichen Angelegenheit, nämlich in der Absicht, an diesem Falle die wahren Grundlagen des Friedens und der Eintracht unter den verschiedenen christlichen Confessionen in Deutschland darzulegen. Ein Schreiben, welches der Herr Prälat Dr. Zimmermann im Auftrage und im Einverständnisse mit den beiden andern Superintendenten des Großherzogthums Hessen an mich zur Begründung jener Anklage gerichtet hat und welches ich später mittheilen werde, ist nämlich ein offenbarer Beweis, daß der Grund derselben lediglich in der vollen Verkennung der wahren Principien des religiösen Friedens liegt, während zugleich auf der andern Seite diese Verkennung selbst die höchste Gefährdung des religiösen Friedens in sich schließt.

Den vollen Frieden kann uns freilich nur die Einheit im Glauben wiederbringen. Wenn wir aber auch gegenwärtig hierauf verzichten müssen, so ist es für uns Deutsche, die wir bezüglich unserer religiösen Ueberzeugung so vielfach getrennt sind, um so wichtiger, daß wir einen anderen, wenn gleich nicht ebenso vollkommenen, so doch durchaus wahren Boden, den Alle anerkennen können, für den confessionellen Frieden auffinden. Eine Verkennung dieser wahren Grundlage, auf welcher allein, ungeachtet der Religionsverschiedenheit, der Friede bestehen kann, ist die schlimmste Gefährdung dieses Friedens. Eine solche Verkennung liegt aber, wie ich glaube, in dem Standpunkte des Herrn Prälaten Dr. Zimmermann und der ihm beipflichtenden Herren Superintendenten; aus ihr ist deren Vorwurf gegen mich hervorgegangen, und es lohnt sich daher wohl der Mühe und ist ein Unternehmen im Interesse der Versöhnung, an dieser Controverse die wahren und die falschen Grundlagen des religiösen Friedens zur Erörterung zu bringen. Das ist der Zweck dieser Schrift.

Zu diesem Ende werde ich zuerst die Veranlassung dieser Differenz zwischen den genannten geehrten Herren und mir vorausschicken; dann den Streitpunkt selbst, den Thatbestand der Controverse feststellen; hierauf zu den Principien, welche bei ihrer Entscheidung maßgebend sind, übergehen und daraus für die Entscheidung die Schlußfolgerungen ziehen.

Je lebhafter ich davon überzeugt bin, daß es überaus einfache, schlichte Grundlagen gibt, auf denen die verschiedenen christlichen Confessionen in Deutschland in wahrem Frieden zusammenleben können, und daß es für unser deutsches Vaterland bei der bestehenden religiösen Spaltung keine wichtigere Sache gibt, als diese Grundlagen festzustellen und überall zur Anwendung zu bringen, desto mehr fühle ich mich zu dieser Erörterung angetrieben und glaube dafür ein allgemeines Interesse in Anspruch nehmen zu können. Auch deßhalb ist aber diese Discussion von Wichtigkeit, weil der Gegenstand derselben im Grunde mit der geistigen Bewegung der Zeit überhaupt innig zusammenhängt, mit der Grundanschauung über Freiheit, Recht, Toleranz u. s. w. Sie entscheidet sich darnach, ob man von allen diesen wichtigen Verhältnissen einen blos negativen, oder einen positiven Begriff hat.

Daraus erhellt auch, daß es sich hier nicht um eine Controverse zwischen Katholicismus und Protestantismus, sondern zwischen einer vorherrschend positiven und einer vorherrschend negativen Betrachtungsweise handelt. Die Anschauung meiner Herren Gegner ruht, wenn ich richtig sehe, in letzter Instanz im Rationalismus, im vulgären Liberalismus und im vollständigen Indifferentismus. Dagegen müssen alle positiven Elemente des Protestantismus auf meiner Seite stehen und sich derjenigen Anschauung über Toleranz und religiösen Frieden anschließen, die ich vertrete. Nur der Indifferentismus kann behaupten, daß ich in meinen Hirtenbriefen den protestantischen Glauben herabgewürdigt habe. Das hoffe ich zu beweisen.

Damit will ich jedoch nicht sagen, daß meine verehrten Herren Gegner selbst dem Rationalismus und Indifferentismus huldigen. Zwischen der Behauptung, die Ansicht eines Gegners führe zum Rationalismus oder hänge mit ihm zusammen, und jener, er selbst sei ein Rationalist, ist selbstverständlich ein großer Unterschied.

Mainz im Februar 1868.

I.

Veranlassung dieser Schrift.

Seit Jahren erscheint in unserem Großherzogthum der „Gustav-Adolph-Kalender." Ueber die Richtung desselben will ich mich hier nicht eingehend verbreiten. Nur das glaube ich mit voller Wahrheit von diesem Kalender sagen zu können, daß in demselben von einer positiven Förderung des christlichen Lebens und der christlichen Gesinnung wenig die Rede ist, vielmehr sucht er die Interessen des Gustav-Adolph-Vereins vorzugsweise durch eine feindselige Polemik gegen die katholische Kirche zu fördern. Diese Polemik, in der Alles zusammengetragen wird, was je in dem erbittertsten Kampfe zwischen Katholiken und Protestanten gegen jene vorgebracht worden ist, füllt einen großen Theil des Kalenders aus. Ich will gewiß das Bemühen der Protestanten, durch den Gustav-Adolph-Verein ihren Glaubensbrüdern in den katholischen Ländern die Bedürfnisse ihres religiösen Lebens zu befriedigen, nicht tadeln; sie haben dazu von ihrem Standpunkte aus vollkommen Recht. Ich beklage nur, daß ein Kalender, welcher als Organ dieses Vereines auftritt, für diesen an sich berechtigten Zweck nicht die edleren und besseren Motive ausbeutet, sondern vor Allem Vorurtheile und Leidenschaften gegen die Katholiken für dieses Bestreben zu erregen sich bemüht. Das ist doch gewiß nicht das rechte und evangelische Motiv, um Kirchen zu bauen und die Hilfsmittel zur Unterstützung der Glaubensbrüder beizubringen.

In diesem Kalender stand nun im vorigen Jahre ein Artikel über „die Jesuiten." Das ist natürlich für einen Kalender mit dieser Tendenz ein überaus ergiebiges Thema. Ich selbst hatte denselben weder gelesen, noch von ihm gehört. Schon seit Jahren nahm ich den Kalender nicht mehr zur Hand, da mir alle diese Preßerzeugnisse, die nicht aufklärend wirken, sondern nur die bestehenden Mißverständnisse und Trennungen sogar systematisch befördern, tief abstoßend und zuwider sind. Er war dagegen Priestern meiner Diöcese zur Kenntniß gekommen, und diese glaubten darin eine so große Beschimpfung der katholischen Kirche zu finden, daß sie ihren Mitbrüdern von dem Inhalte Kenntniß gaben. So kam dann der gesammte Pfarrklerus der Diöcese zu dem einstimmigen Entschlusse, über eine solche Mißhandlung der Wahrheit und eine so heftige Schmähung der Kirche eine Immebiat-Eingabe bei Sr. Königlichen Hoheit dem Großherzog einzureichen. Ich bin diesem Schritt gänzlich fern geblieben und habe erst Kenntniß davon erhalten, als er schon in voller Ausführung begriffen war.

Diese Immebiat-Eingabe vom 31. Januar 1867 lautet:

„Dem Throne Euer Königlichen Hoheit nahet sich schmerzerfüllt die katholische Geistlichkeit Ihres Großherzogthums, um Schutz und Recht zu erbitten gegenüber einer öffentlichen Beleidigung, Kränkung und Beschimpfung, die alle Diener unserer heiligen Kirche von deren Oberhaupte an bis zum jüngsten Priester in ihrer Standes- und Amtsehre und alle Gläubigen in ihrem religiös sittlichen Gefühle tief verletzen muß. Diese Beleidigung und Beschimpfung durch Verdächtigung und Verläumbung geht von dem diesjährigen Gustav-Adolph-Kalender aus, welcher unter den Augen Allerhöchst Ihrer Regierung, in Allerhöchst Ihrer Haupt- und Residenzstadt erschienen ist. Nur wenn wir den Vorwurf der Ehrlosigkeit auf uns laden wollen, dürfen wir schweigen, wenn nicht, so müssen wir unsere Stimme erheben und mit Freimuth und Offenheit uns an den Stufen des Thrones Euer Königlichen Hoheit unterthänigst uns auszusprechen erlauben.

Abgesehen von der ganzen, unverkennbar alle Rücksicht und Toleranz bei Seite setzenden schmähsüchtigen Haltung dieses Kalenders gegen die katholische Kirche, enthält derselbe auch einen Artikel, den wir als ein tendenziöses Pamphlet bezeichnen müssen, mit der Ueberschrift: „Die Jesuiten." In diesem Elaborate, das vom Anfang bis zum Ende in noch nie erhörter Weise das innerste Wesen der katholischen Kirche verdächtigend angreift, erkennen wir nicht blos eine infamirende Verläumdung des Ordens der Jesuiten, sondern dadurch auch eine Herabwürdigung der Vorsteher unserer heiligen Kirche und eine kaum zu ertragende Beschimpfung und Kränkung jedes katholischen und priesterlichen Bewußtseins.

Geruhen Euer Königliche Hoheit, die in Kürze gefaßte Begründung unserer Klage vortragen zu dürfen, wobei wir der sicheren Ueberzeugung sind, daß unserer Kirche und unserer persönlichen amtlichen Stellung die gebührende Genugthuung von da werde, wo stets Gerechtigkeit das Scepter geführt.

Den Mitgliedern des Ordens der Gesellschaft Jesu werden in dem erwähnten Artikel alle Greuel und Laster aufgebürdet, die sich eigentlich nur benken laſſen. Müßten wir nicht unſere Klage begründen, ſo würden wir Anſtand nehmen, Eurer Königlichen Hoheit die fraglichen Schmähungen vorzulegen, die jedenfalls Allerhöchſt Ihre edelmüthige Geſinnung mit Indignation erfüllen. Wir wollen darum nur einige der gravirendſten Punkte herausheben.

a) Der Verfaſſer nennt pag. 5 des Kalenders die Jeſuiten „eine **Meute, die zur Ausführung ihres abenteuerlichen Unternehmens zu hinterliſtigen Schändlichkeiten jeder Art griff**, ſo daß es kein durch göttliches und menſchliches Recht verbotenes **Verbrechen** gibt, das ſie nicht zur Ausführung ihres Planes angewendet hätten."

b) „Der Jeſuitenorden erlaubt, durch die ihm eigenthümliche Moral, ſeinen einzelnen Mitgliedern **alle Sittenloſigkeiten, Schändlichkeiten, Sünden, Verbrechen, Umgehung der Naturgeſetze, der göttlichen, ſtaatlichen und menſchlichen Geſetze**, ſo daß es keine **Schandthat**, keine **Sünde**, kein **Laſter** und keine **Leidenſchaft** gibt, wofür nicht die Moral der Jeſuiten ein Hinterpförtlein aufgelaſſen hätte. Eine in ſolcher Moral erzogene Brüderſchaft muß im großen Ganzen ſchon dadurch, daß einzelne jeſuitiſche **Moralbücher Lüge und Betrug, Diebſtahl, Selbſtſucht, Unzucht und ganz beſonders das Laſter der Selbſtbefleckung theils erlauben, theils befehlen**, nothwendig vollſtändig entſittlicht, entmannt und durch und durch einer fortwährenden Sündenepidemie überliefert werden" (pag. 7 und 8).

c) „Da iſt keine Lüge ſo ungeheuerlich, keine **Verläumdung** ſo niederträchtig und kein Mittel ſo ſchmutzig, daß ſie es nicht anwendeten, den Geiſt des Proteſtantismus zu erſticken" (pag. 11).

d) „Sie vollbringen ihre Werke mit dem abſcheulichen Grundſatze: **der Zweck heiligt die Mittel**" (pag. 11).

e) „Den Schutz (der Regierungen) **erhalten ſie durch Beſtechung**, denn ſie ſind im Beſitze von unermeßlichen Geldmitteln, durch Schmeichelei, nachgebende Höflichkeit, Lob, Dienſtfertigkeit; dadurch, daß ſie ſich unentbehrlich machen, in alle Geheimniſſe — **vornehmlich durch die Beichte** — eindringen, die **Schwächen der Leute ausſpähen**... Die Regierung denunciren ſie dem Volke als tyranniſch; das Volk denunciren ſie umgekehrt den Machthabern als rebelliſch" (pag. 11 und 12).

f) Den Culminationspunkt der Verunglimpfung und Beleidigung erreicht der Artikel in der Beſchmutzung und Verläumdung des Stifters der Geſellſchaft Jeſu, den die katholiſche Kirche als einen Heiligen verehrt. Nicht ohne Empörung des ſittlichen Schamgefühles kann man leſen, was von dem heil. Ignatius alba (pag. 5 und 6) geſagt wird.

Die unterthänigſt unterzeichnete katholiſche Geiſtlichkeit Allerhöchſt Ihres Landes erklärt nun vor Euer Königlichen Hoheit alle dieſe Anſchuldigungen, ſo ferne ſie die Grundſätze des ehrwürdigen Ordens der Geſellſchaft Jeſu betreffen, für gehäſſige Verläumdungen und erblickt darin ebenſo einen öffent lichen und böswilligen Angriff auf die Ehre der katholischen Kirche wie auf die Ehrenhaftigkeit ihres Oberhauptes, ihrer Oberhirten und des gesammten katholischen Klerus; denn die Jesuiten sind ein von dem Oberhaupte der katholischen Kirche genehmigter Orden; sie werden von dem Papste und von den Bischöfen zur öffentlichen Ausübung des Lehr- und Priesteramtes berufen und verwendet, sie wirken als Prediger und Beichtväter in unserer Diöcese, sie betreten vielfach mit uns dieselbe Lehrstätte, sie leiten gewöhnlich unsere Priesterexercitien u. s. w. Indem man nun die Jesuiten insgesammt als sittliche Scheusale und Verbrecher an den Pranger zu stellen sucht, stellt man auf gleiche Stufe alle diejenigen, die sie zur Ausübung des priesterlichen Amtes berufen und wirken lassen, und das ist unser Hochwürdigster Herr Bischof, das ist die bischöfliche Behörde, das ist die Pfarrgeistlichkeit. Also sind wir ihre Mitgenossen in all' den Verbrechen, deren sie der Gustav=Adolph=Kalender bezüchtigt. Wer die Sittenlehre der Jesuiten verdächtigt, greift die Moral an, welche die der katholischen Kirche ist; denn jene haben keine andere als diese. Welch' eine unerhörte Verdächtigung und Verläumbung liegt demnach in dem besagten Artikel gegen die ganze katholische Kirche! Heißt das nicht unsere geistliche Oberbehörde und uns selbst als Verbrecher brandmarken?

Dieser Angriff auf die Ehre der katholischen Kirche untergräbt und vernichtet das Vertrauen zur katholischen Kirche und ihren Dienern. Was sollen die Gläubigen noch von ihrem Papste, von ihren Bischöfen halten, welche solche sittliche Ungeheuer nicht nur dulden, sondern sogar für die Ausbreitung, Vermehrung und Erhöhung des christlichen Glaubens und der christlichen Tugend verwenden? Was von einem Weltklerus, der so wenig Gewissen und Charakter mehr hätte, in seiner eigenen Mitte dem Treiben eines Ordens ruhig zuzusehen, dem kein Mittel schlecht und verwerflich genug wäre, — selbst nicht der Mißbrauch des Beichtstuhles — um seine selbst- und herrschsüchtigen Zwecke zu erreichen?

Durch diese in dem Kalender behaupteten Anschuldigungen der Jesuiten werden sämmtliche Diener der Kirche als Beschützer aller Heuchelei und Niederträchtigkeit erklärt (denn der Hehler ist so gut wie der Stehler), und die Folge müßte consequent keine andere sein, als daß sich das ganze katholische Volk mit Abscheu von seinem Priesterstande wegwendete; was vielleicht auch die Absicht des Kalenderschreibers ist. Wohin sollen wir Priester der Diöcese Mainz bei einer so tiefen Beleidigung unserer Standes- und Amtsehre unsere Zuflucht auf Erden nehmen, als zu Euer Königlichen Hoheit, unserem allgerechten Landesherrn, Höchstwelcher nicht blos als Landesherr, sondern auch als Haupt der evangelischen Landeskirche uns gegen diese von einem Pfarrer dieser Landeskirche in einem unter Protection des Gustav=Adolph=Vereines erscheinenden Kalender zugefügten schweren Insulte mit Erfolg schützen kann und wird.

Mit dieser Verdächtigung ist auch den katholischen Unterthanen des Großherzogthums eine große Kränkung bereitet; denn in der Beschimpf=

ung der Diener ihrer Kirche müssen sie mit Recht auch ihre eigene Entehrung erblicken. Diese Verdächtigung in einem für das Volk bestimmten Kalender wirft die Fackel der Zwietracht zwischen Klerus und Volk; denn wenn die Jesuiten das sind, wofür sie in dem erwähnten Artikel ausgegeben werden, dann müssen alle Katholiken, welche noch Gewissen besitzen, einmüthig gegen den hochwürdigsten Bischof und gegen alle Pfarrer sich erheben, welche einen Jesuiten eine geistliche Function ausüben lassen. Und das wäre vielleicht im Sinne des Pamphletisten!

Nicht blos dies. Man sucht ohne Zweifel dadurch auch das Vertrauen gegen Euer Königlichen Hoheit Regierung zu erschüttern; denn einmal sagt der Kalender ausdrücklich, daß die Jesuiten höhern Schutz erhielten durch Bestechung! und dann (pag. 12) wird unzweideutig Mißtrauen gegen die Regierungen wegen ihres Verhaltens gegen die Jesuiten ausgesäet.

Nothwendig müssen Protestanten wie Katholiken durch diese Provokation gleichmäßig aufgeregt werden. Der religiöse Friede wird in dem Grade gestört werden, als der Gustav=Adolph=Kalender Verbreitung und Glauben findet, was wiederum um so mehr geschehen wird, je weniger den Verdächtigungen entgegen getreten wird.

Indem wir aber dagegen uns erheben, glauben wir nicht das Mißfallen Euer Königlichen Hoheit uns zu bereiten, da es Ihnen, unserem gerechten Landesherrn, gewiß nur erwünscht ist, zu vernehmen, welches die Meinung und Gesinnung der katholischen Geistlichkeit Allerhöchst Jhres Landes ist, die hiermit nochmals den Schutz Euer Königlichen Hoheit gegen die Verläumdungen und Verdächtigungen des Gustav=Adolph=Kalenders alleruntertänigst erflehet. Wir nahen daher Euer Königlichen Hoheit mit der unterthänigsten Bitte, den katholischen Klerus und die Katholiken Allerhöchst Jhres Landes gegen diese und etwa zukünftig ähnliche, tief verletzenden Kränkungen in der Allerhöchst Jhrer Weisheit und Gerechtigkeit genehmen Weise schützen zu wollen."

Die Unterschrift des gesammten Pfarrklerus beweist hinreichend, wie lebhaft derselbe von der Gerechtigkeit seiner Beschwerde erfüllt war. Dabei waren Alle gewiß davon überzeugt, daß es sich hier lediglich um eine Beschwerde gegen den Redacteur eines Kalenders, der evangelischer Pfarrer ist, handle, nicht aber um eine Sache zwischen der katholischen Geistlichkeit des Großherzogthums und der protestantischen.

Anders hat die Letztere die Sache angesehen und sie glaubte die Vertheidigung des Gustav=Adolph=Kalenders aufnehmen zu müssen. Der Herr Prälat Dr. Zimmermann hat deßhalb im Auftrage der evangelischen Geistlichkeit unsers Großherzogthums dem Großherzog eine Adresse, welche vom 31. März 1867 datirt

ist, überreicht, deren Inhalt nach Mittheilung der öffentlichen
Blätter lautet:

„Oeffentliche Blätter haben zu unserer Kenntniß gebracht, daß die ge=
sammte katholische Geistlichkeit des Großherzogthums in einer Immediat=Ein=
gabe bei Ew. Königl. Hoheit um Schutz gebeten hat gegen die Angriffe auf
die katholische Kirche, welche in einem Aufsatze des diesjährigen Gustav=
Adolph=Kalenders über die Jesuiten enthalten sein sollen. Schon seit einer Reihe
von Jahren haben wir eine Menge von Verunglimpfungen und Herabwürdi=
gungen unseres evangelischen Glaubens erfahren müssen, welche in der katho=
lischen Presse, insbesondere selbst in Hirtenbriefen des Bischofs von Mainz
stattgefunden haben; ja, wir mußten es sogar erleben, daß das Oberhaupt
der katholischen Kirche Hessens in seinem im Jahre 1855 erlassenen Hirten=
briefe den schweren Vorwurf auszusprechen wagte, es sei dem deutschen Volke
in Folge der Reformation die Treue und das Gewissen abhanden gekommen
Vertrauend auf die siegende Kraft der göttlichen Wahrheit haben wir alle
Angriffe bisher geduldig ertragen; aber dem nunmehrigen Auftreten des
katholischen Klerus in seiner Gesammtheit gegenüber sind wir von der Ueber=
zeugung durchdrungen, daß wir unsere heiligen Pflichten gegen unsere evange=
lische Kirche tief verletzten, wenn wir nicht auch unserseits vor Ew. Königl.
Hoheit ein Zeugniß ablegen würden. Wir vermögen in der an Ew. Königl.
Hoheit gerichteten Bittschrift des katholischen Klerus keinen anderen Zweck zu
erkennen, als den Jesuiten die denselben noch fehlende rechtliche Anerkennung
in dem Bereiche des Großherzogthums zu verschaffen, wie anderseits das
Recht der freien Meinungsäußerung auf Seiten der evangelischen Kirche, gegen
dessen Mißbrauch die Gesetze schützen, durch ein Wort Ew. Königl. Hoheit zu
beschränken. Allerdings sucht die katholische Geistlichkeit ihre Bitte dadurch
zu begründen, daß sie die Lehre der Jesuiten für die der katholischen Kirche
erklärt; allein was die Jesuiten waren und was sie sind, ist zur Genüge be=
kannt, und wie namentlich die Bekämpfung unserer evangelischen Kirche ihr
Lebenszweck ist, hat die Geschichte in ihren grauenvollsten Thatsachen kund
gethan. Wir können es deshalb nur schmerzlich beklagen, daß die katholische
Geistlichkeit die Sache der Jesuiten zu der ihrigen gemacht hat, müssen es
aber auch zugleich als eine schwere Beleidigung Ew. Königl. Hoheit ansehen,
wenn allerhöchstdieselben als Summus Episcopus unserer evangelischen Landes=
kirche gebeten wurden, den Jesuiten allerhöchstdero Schutz angedeihen
lassen zu wollen. Von dieser Ueberzeugung sind wir um so lebhafter gerade
an dem heutigen Tage durchdrungen, da wir an demselben das Gedächtniß
Philipp's des Großmüthigen, des großen Anherrn Ew. Königl. Hoheit, feiern,
der für die evangelische Kirche Hessens und das Werk der Reformation über=
haupt so Großes gewirkt und für dies erhabene Streben seines ganzen Lebens
so Schweres erduldet hat. Wir glauben darum auch, den heutigen Tag nicht
würdiger begehen zu können, als wenn wir, dem Beispiele Philipp's des
Großmüthigen auf dem Reichstage zu Speyer folgend, mit aller Entschieden=
heit Protestation einlegen gegen das die Würde und Selbstständigkeit unserer

evangelischen Kirche tief verletzende Auftreten der katholischen Geistlichkeit und Ew. Königl. Hoheit alleruntertänigst bitten, daß allerhöchstdieselben geruhen wollen, die in der Bittschrift der katholischen Geistlichkeit enthaltenen Tendenzen, welche den Frieden in Kirche und Staat im höchsten Grade gefährden, mit aller Bestimmtheit zurückzuweisen."

Ich war damals, als diese Adresse bekannt wurde, in Rom abwesend und auch nach meiner Rückkehr von Visitationsreisen in meiner Diöcese so sehr in Anspruch genommen, daß ich von derselben keine eingehende Kenntniß erhielt. Erst im Laufe des Winters wurde sie mir genau bekannt. Nicht wenig überrascht war ich, in derselben die schwersten Angriffe gegen mich zu finden, zu denen ich jedenfalls unmittelbar in dem vorliegenden Falle absolut keine Veranlassung gegeben hatte. Ich fühlte mich daher verpflichtet, sofort an den Herrn Prälaten Dr. Zimmermann nachstehendes Schreiben vom 21. Dezember v. J. zu richten:

In einer Adresse vom 31. März c., welche Ew. Hochwürden im Auftrage der evangelischen Geistlichkeit unseres Großherzogthums bezüglich einer Immediateingabe der katholischen Geistlichkeit Sr. Königlichen Hoheit dem Großherzog überreicht haben, und welche mir, da ich zur Zeit ihrer Veröffentlichung auf einer längeren Reise abwesend war, erst jetzt bekannt geworden ist, kömmt die Stelle vor:

„Schon seit einer Reihe von Jahren haben wir eine Menge von Verunglimpfungen und Herabwürdigungen unseres evangelischen Glaubens erfahren müssen, welche in der katholischen Presse, insbesondere selbst in Hirtenbriefen des Bischofs von Mainz stattgefunden haben; ja wir mußten es sogar erleben, daß das Oberhaupt der katholischen Kirche Hessens in seinem im Jahre 1855 erlassenen Hirtenbriefe den schweren Vorwurf auszusprechen wagte, es sei dem deutschen Volke in Folge der Reformation die Treue und das Gewissen abhanden gekommen."

An der Aechtheit dieses von den öffentlichen Blättern, ohne Widerspruch zu erfahren, mitgetheilten Schreibens kann ich wohl nicht zweifeln.

Was hier von der katholischen Presse gesagt wird, geht mich zunächst nichts an. Die Redaction der Blätter, welche man etwa so nennen könnte, sind vollkommen von mir unabhängig. Ich muß daher ganz dahin gestellt sein lassen, inwieweit sie zu dem, was oben behauptet wird, Veranlassung gegeben haben.

Um so weniger kann ich aber das, was in dieser Anschuldigung mich betrifft, ruhig hinnehmen. Ew. Hochwürden behaupten, „schon seit einer Reihe von Jahren habe der evangelische Glaube eine Menge von Verunglimpfungen und Herabwürdigungen erfahren" und zwar „insbesondere in Hirtenbriefen des Bischofs von Mainz." Das ist eine überaus schwere Anklage gegen mich, doppelt schwer durch die Umstände, unter denen sie vorgebracht wird. Ew. Hochwürden haben dieselbe in der Stellung als der erste evangelische Geistliche im Auftrage der evangelischen Geistlichkeit des Großherzogthums vor dem Throne unseres Allergnädigsten Landesherrn und zugleich durch Veröffentlichung jenes Schreibens vor allen Bewohnern des Großherzogthums, ja vor ganz Deutschland erhoben. Sie hat also die größte und allgemeinste Publicität erhalten.

Hier ist nur ein doppelter Fall möglich: entweder ist es wahr, „daß ich seit einer Reihe von Jahren in Hirtenbriefen den evangelischen Glauben herabgewürdigt und verunglimpft habe," und dann muß es Ew. Hochwürden leicht sein, das zu beweisen; oder es ist gänzlich unwahr, und dann sind Sie verpflichtet, Ihren Irrthum öffentlich zurückzunehmen, da Sie wohl einsehen werden, daß ich als katholischer Bischof unmöglich einen solchen Vorwurf von solcher Seite auf mir ruhen lassen kann.

Außerdem wird in der genannten Adresse behauptet, daß ich gesagt habe, „dem deutschen Volke sei in Folge der Reformation die Treue und das Gewissen abhanden gekommen." Ich weiß, daß Bunsen das von mir behauptet hat und daß eine Anzahl Schmähblätter diese Behauptung wiederholten, obwohl ich zu verschiedenen Malen erklärt habe, daß dies ja eine offenbare Verdrehung meiner Worte sei. Ew. Hochwürden haben jedoch keinen Anstand genommen, diese Beschuldigung jetzt vor dem Throne des Großherzogs und vor dem ganzen Lande zu wiederholen, und sie erhält dadurch, daß der erste evangelische Geistliche des Landes sie gegen mich erhebt, eine ganz andere Bedeutung.

Ew. Hochwürden werden deßhalb meine ganz ergebene Bitte gerechtfertigt finden, mir aus dieser „Reihe von Jahren" die Hirtenbriefe gütigst zu bezeichnen, und in denselben die Stellen, in welchen Sie „eine Menge von Verunglimpfungen und Herabwürdigungen des evangelischen Glaubens" erkennen; und ich bitte ferner ergebenst, mir aus dem bezeichneten Hirtenbriefe vom Jahre 1855 die Stelle anzugeben, wo ausgesprochen ist, daß dem deutschen Volke in Folge der Reformation Treue und Gewissen abhanden gekommen seien. Ich glaube mit voller Wahrheit behaupten zu können, daß ich in den achtzehn Jahren meiner bischöflichen Verwaltung mich lediglich mit der Aufgabe meines bischöflichen Amtes, mit der Pflege des religiösen Sinnes in der katholischen Bevölkerung dieses Landes beschäftigt habe. Ich lege dabei einen großen Werth auf den Frieden mit den evangelischen Einwohnern des Großherzogthums, und ich würde mich selbst im höchsten Grade tadeln und meine innerste Gesinnung nicht darin wiederfinden, wenn ich in Hirtenbriefen den evangelischen Glauben beschimpft und verunglimpft hätte, geschweige denn, wenn das seit einer Reihe von Jahren in einer Menge von Fällen geschehen wäre. Ich glaube daher die volle Berechtigung zu haben, von Ew. Hochwürden eine recht klare und bestimmte Antwort in Anspruch zu nehmen.

Hierauf erhielt ich am 11. Januar l. J. folgende Antwort:
In dem Nachstehenden beehre ich mich, dem an mich unter dem 21. December vorigen Jahres gestellten Erwarten zu entsprechen.

Zunächst aber muß ich bemerken, daß weder ich der Verfasser der fraglichen Adresse bin, noch einer meiner beiden Mitsuperintendenten ihr Verfasser ist, daß wir jedoch, indem wir die Adresse auf den Wunsch der evangelischen Geistlichkeit des Landes Sr. Königl. Hoheit dem Großherzoge überreicht haben, damit dem in der Adresse Behaupteten beigetreten sind. Die Behauptungen der Adresse sind daher unsere eigenen Behauptungen.

Zwei dieser Behauptungen zeihen Ew. Hochwürden der Unwahrheit.

Ich beginne mit der betreffenden Stelle aus dem Hirtenbriefe vom Jahre 1855 S. 8 und 9. Ohne mich gegenwärtig auf die Beurtheilung dessen einzulassen, was dort von dem segensreichen Wirken des Märtyrers Bonifacius behauptet wird, beschränke ich mich auf die von Ihnen als eine Verdrehung Ihrer Worte bezeichnete Behauptung, „seit der Reformation sei dem deutschen Volke Treue und Gewissen abhanden gekommen." Ja, das haben Ew. Hochwürden behauptet, wenn auch nicht mit denselben Worten, doch dem Sinne nach, und darauf kommt es doch hier allein an, ja, Sie haben es noch stärker ausgedrückt, als die angestrichenen Worte das aussagen. Oder kann man etwas Stärkeres sagen, als: „Wie das Judenvolk seinen Beruf auf Erden verloren hat, als es den Messias kreuzigte, so hat das deutsche Volk seinen Beruf[1]) für das Reich Gottes verloren, als es die Einheit im Glauben zerriß, welche Bonifacius gegründet hatte." Aber Sie begnügen sich damit auch nicht. Sie fahren fort: „Seitdem (was heißt das? von wann an? Die Antwort liegt in dem Vorhergehenden: „seit der Spaltung", also seit der Reformation) hat Deutschland fast nur mehr dazu beigetragen, das Reich Christi auf Erden zu zerstören und eine heidnische Weltanschauung hervorzurufen." „Seitdem (was heißt das wieder? von wann an? Die Antwort ist so klar wie die Sonne! seit der Spaltung, seit der Reformation) ist mit dem alten (d. h. in Ihrem Sinne: mit dem katholischen) Glauben auch die alte Treue mehr und mehr geschwunden, und alle Schlösser und Riegel, alle Zuchthäuser und Zwangsanstalten c. vermögen uns nicht das Gewissen zu ersetzen." Ein zu ersetzendes Gewissen setzt aber selbstverständlich ein abhanden gekommenes Gewissen voraus. Und wann ist das Gewissen abhanden gekommen? Der Hirtenbrief sagt es ja: seitdem. Also klar und deutlich steht es da und ist somit vor der ganzen Welt behauptet worden, hat also die größte Publicität erhalten: „Seit der Reformation ist dem deutschen Volke Treue und Gewissen abhanden gekommen." Kein Sprachkünstler vermag etwas Anderes aus dieser Stelle herauszuinterpretiren, als was der selige Bunsen behauptet hatte, und die Blätter, die ihm das nachbehauptet haben, sind darum keine Schmähblätter, sie haben die Wahrheit gesagt. Und wenn auch Ew. Hochwürden schon wiederholt wollen erklärt haben, es sei das ja eine Verdrehung Ihrer Worte, so behaupten wir mit Bunsen und Allen, die es ihm nachbehauptet haben: Der Herr Bischof von Mainz hat vor der ganzen Welt die Reformation als die große Schuldnerin angeklagt, durch die oder seit welcher dem deutschen

---

[1]) In meinem Hirtenbriefe heißt es: „seinen hohen Beruf."

Volke Treue und Gewissen abhanden gekommen sei, ja, derselbe wälzt selbst viele Sünden der katholischen Welt, viele traurige Erscheinungen in katholischen Ländern großentheils der Reformation auf und sagt, das abgefallene Glied, d. h. die evangelische Kirche, habe dem Reiche Gottes den Dienst versagt.

Durch das Vorstehende glaube ich und glauben mit mir die Herrn Superintendenten Dr. Simon und Dr. Schmitt im Namen der Unterzeichner der Adresse klar bewiesen zu haben, daß die angeführte Behauptung keine Verdrehung der bischöflichen Worte genannt werden kann.

Ich wende mich nun zu der weiteren Bemerkung, übergehe aber dabei die katholische Presse im Allgemeinen, für welche Ew. Hochwürden jede Verantwortlichkeit ablehnen. Ich beschränke mich auf die bischöflichen Hirtenbriefe aus den Jahren 1863 und 1867.

Hirtenbrief vom Jahre 1863.

Wenn es pag. 13. heißt: „Ich liebe die Kirche, denn sie ist allgemein oder katholisch. Sie ist jene Kirche, welche die Christen nennen, wenn sie beten: Ich glaube an eine heilige katholische (d. i. allgemeine) Kirche. Es ist unmöglich, darüber zweifelhaft zu sein, welche jene Kirche ist, welcher allein der Name katholisch gebührt,"

so erklärt damit der Hirtenbrief, daß die Evangelischen nicht nach dem dritten Artikel bekennen dürfen: „Ich glaube eine heilige christliche Kirche;" und wenn sie es bekennen, so ist nach der Behauptung Ew. Hochwürden ihr Bekenntniß ein ungiltiges und falsches. Das heißt aber nichts Anderes, als die evangelische Kirche verunglimpfen.

Wenn es weiter heißt eod: „Dieser Name ist aus dem Worte Jesu hervorgegangen: Gehet hin in alle Welt und lehret alle Völker; ich bin bei euch alle Tage bis an das Ende der Welt. Es gibt nur Eine Kirche, in der diese Worte in voller Wahrheit erfüllt sind,"

so gehen nach dieser Behauptung diese Heilandsworte die Evangelischen nichts an; für die Diener der evangelischen Kirche gilt der Befehl Christi nicht. Und ist es so, dann sind wir Evangelische keine Christen, keine Bekenner Jesu. Das aber heißt nichts Anderes, als die evangelische Kirche, die sich allein auf Christum stellt, verunglimpfen.

Wenn es eod. weiter heißt: „Nur die katholische Kirche sendet ihre Sendboten ohne Unterlaß in alle Theile der Welt," was sind dann die Missionare, welche die evangelische Kirche ohne Unterlaß in alle Theile der Welt sendet? Die Behauptung des Hirtenbriefes ist eine Verunglimpfung des evangelischen Missionswerkes.

Wenn es weiter heißt: „Nur die katholische Kirche hat eine Dauer alle Tage von Christus bis heute, ohne anderen Beginn und Anfang, als in und mit Christus," so behaupten wir Evangelische gerade entgegengesetzt mit aller Wahrheit und können es beweisen: nicht die katholische, sondern die evangelische Kirche hat eine Dauer alle Tage von Christus bis heute ohne anderen Beginn und Anfang, als in und mit Christus. Sie ist keine im

Zeitalter der Reformation neu entstandene, sondern die erneuerte wiederhergestellte Kirche, wie sie auf Christi Befehl die Apostel gegründet haben, sie ist die apostolische Kirche, die nichts will, als Christum allein; sie hat Alles, was sich nicht auf Christum zurückführen läßt, verworfen.

Hirtenbrief von 1867.

Dieser Hirtenbrief spricht fortwährend nur von Protestantismus und nicht von der evangelischen Kirche, will also nichts von Parität, während sich unsere Kirche unausgesetzt von dem Grundsatze der Parität leiten läßt.

Dieser Hirtenbrief behauptet S. 6.: „Den Frieden der gemischten Ehen gefährde die Lehre des Protestantismus, die unter gewissen Umständen die Trennung des Bandes zulasse, weit eher, als die katholische, die keine Trennung dulde."

Aber es ist nicht die Lehre der evangelischen Kirche allein, welche unter gewissen Umständen die Lösung des Ehebandes gestattet, es ist die Lehre Christi selbst und seiner Apostel. Aber das kommt ja hier gar nicht zur Sprache, und es möchte doch sehr schwer zu beweisen sein, daß in irgend einer gemischten Ehe der Gedanke an die Möglichkeit der Trennung den Frieden gestört habe. Nicht die Möglichkeit der Lösung des Bandes stört den Frieden in den gemischten Ehen — diese Behauptung ist eine Verdächtigung und Verunglimpfung nicht allein der evangelischen Kirche, sondern der Lehre Christi selbst — sondern die Störung kommt anderswoher.

Eine Verunglimpfung der evangelischen Kirche ist es, wenn es Seite 5. heißt: „Die katholische Kirche legt sogar dem Katholiken gegen den protestantischen Ehegatten weit größere Pflichten auf, als der Protestantismus dem Protestanten gegen den katholischen Ehegatten."

Auch die evangelische Kirche verbietet die Trennung von dem katholischen Ehegatten, auch sie gebietet, dem katholischen die Treue zu halten bis zum Tod. Aber weil ihr die Ehe kein Sakrament ist und es ihr nicht sein kann, weil sie Christus, ihr Herr, nicht dazu gemacht hat, und weil sie auf ausdrückliche Aussprüche des Herrn sich stützt, so kann sie in gewissen Fällen die Lösung des Ehebandes zulasse. Aber ich frage, was wiegt denn schwerer, die Lösung eines Bandes, das man bei all seiner Heiligkeit doch für kein sakramentliches anerkennt, oder die Lösung eines Bandes, das man zu einem Sakramente gemacht hat? Und doch haben — die Geschichte ist dessen Zeuge — die Päpste in nicht seltenen Fällen, trotz der Lehre von der Ehe als einem Sakramente, Ehen getrennt und zur Schließung neuer Ehen Dispens gegeben.

Die ganze Grundanschauung des Hirtenbriefes aber muß uns um so mehr als eine Verunglimpfung der evangelischen Kirche erscheinen, da Sie selbst wünschen, daß derselbe auch in die Hände solcher komme, die nicht der katholischen Kirche angehören, damit sie daraus ersehen möchten, daß Sie, Herr Bischof, nicht aus Lieblosigkeit die gemischten Ehen mißbilligen. Wir Evangelischen halten auch die gemischten Ehen für keinen Segen, auch wir glauben, daß in der innigsten Lebensverbindung gerade der gemeinsame Glaube zum wahren Heile dieser Verbindung unentbehrlich ist. Aber wir sehen auch ein, daß diese Ehen in paritätischen Ländern unvermeidlich sind. Und bei aller Verschiedenheit des Glaubens der Evangelischen und Katholischen haben doch beide Confessionen in den Grundwahrheiten, in den Grundartikeln des Glaubens so viel Gemeinsames, daß eine Ableugnung dieses Gemeinsamen eine schwere Verunglimpfung ist.

Wenn daher Ew. Hochwürden die gemischten Ehen eine Trennung in Gott, d. h. im Glauben nennen, als ob die evangelische Kirche nicht auch an den dreieinigen Gott glaubte, und dies Seite 18., 19. so ausführen, daß klar erhellt, Sie sprechen der evangelischen Kirche das specifisch Christliche ab, Sie erkennen in einer gemischten Ehe nur eine Vereinigung durch Haus, Tisch und Vermögen, so vermögen wir darin nichts Anderes, als eine Verdächtigung und Verunglimpfung der evangelischen Kirche zu erkennen.

Ob durch solche und ähnliche Behauptungen der Friede zwischen den beiden gleichberechtigten Confessionen des Landes, auf den Ew. Hochwürden einen so großen Werth zu legen erklären, gefördert wird, das können wir getrost der Beurtheilung aller Denkenden überlassen.

In dem Vorstehenden habe ich die klare und bestimmte Antwort im Namen der drei Superintendenten des Großherzogthums gegeben, welche Ew. Hochwürden in Anspruch nehmen.

Da der Herr Prälat Dr. Zimmermann im Einverständniß mit den beiden Herrn Superintendenten die gegen mich erhobenen Anschuldigungen hiernach nicht zurückgenommen hat, sondern dieselben vielmehr ausdrücklich aufrecht erhält, so bleibt mir selbstverständlich nunmehr kein anderer Weg als der der Oeffentlichkeit, um die vor dem Großherzog und dem ganzen Lande erhobene Anklage in ihrer ganzen Nichtigkeit und Ungerechtigkeit aufzudecken.

II.

Die Streitfrage.

Aus dieser Darstellung ergibt sich nun die Streitfrage von selbst, welche zwischen mir und meinen Herrn Gegnern besteht. Die formellen Bedenken, welche sich dem Verfahren der evangelischen Geistlichkeit und des Herrn Prälaten Dr. Zimmermann an ihrer Spitze entgegenstellen, will ich nur kurz berühren. Es scheint mir vor Allem, daß für dieselben überhaupt keine berechtigte Veranlassung vorlag, sich in ihrer Gesammtheit eines Kalenders anzunehmen, der ja doch zur evangelischen Landeskirche selbstverständlich keine officielle Beziehung hat. Es handelt sich in dem vorliegenden Falle ja nicht um einen Conflict zwischen der katholischen Kirche und der evangelischen Landeskirche, zwischen der katholischen Geistlichkeit und der evangelischen, sondern lediglich um eine Beschwerde gegen einen Redacteur, von welchem die katholische Geistlichkeit indirect schwer beschimpft zu sein glaubte. Daß der Redacteur ein evangelischer Pfarrer ist und daß der Kalender selbst mit dem Gustav-Adolph-Verein in Beziehung steht, macht die Angelegenheit des Kalenders nicht zu einer Angelegenheit der evangelischen Landeskirche. Die Beschwerde der katholischen Geistlichen bei dem Landesherrn ging daher die evangelische Landeskirche als solche ebensowenig an, als die evangelische Geistlichkeit in ihrer Gesammtheit. Das Urtheil darüber, ob die Beschwerde begründet sei oder nicht, ob und welche Folge ihr zu geben, war ganz dem gerechten Ermessen des Großherzogs anheimgegeben, und es erscheint daher überhaupt das Auftreten des Herrn Prälaten Dr. Zimmermann und der evangelischen Geistlichkeit als eine befremdliche Einmischung in eine ihnen fremde Angelegenheit, und als ein zudringlicher Rath, zu dem keine Veranlassung vorlag. Se. Königliche Hoheit der Großherzog waren gewiß selbst hinreichend im Stande, den Gegenstand richtig zu beurtheilen.

Ueberdies erscheint der Grundgedanke der Adresse: „Die katholischen Geistlichen beschweren sich über Kränkungen ihrer Kirche Seitens der Redaction eines Kalenders, aber auch die evangelische Landeskirche ist von anderen Redacteuren beschimpft worden; deßhalb ist dieser Beschwerde keine Folge zu geben," mindestens höchst befremdlich. Wenn in der That zu dieser Beschwerde der katholischen Geistlichen ein Grund vorlag, wenn die Redaction des Gustav-Adolph-Kalenders unrecht gehandelt hatte, so wäre dieses Unrecht wahrlich nicht dadurch aufgehoben, wenn auch Redactionen katholischer Blätter ein ähnliches Unrecht begangen hätten. In diesem Falle wäre es wohl viel angemessener gewesen, eine selbstständige Beschwerde mit Nennung dieser Blätter und mit einer Begründung der Beschwerde, wie sie in dem Immediat-Gesuche der katholischen Geistlichen enthalten war, einzureichen.

Ferner will mir scheinen, daß, wenn selbst eine Berechtigung zu dieser Adresse für die evangelische Geistlichkeit im Allgemeinen vorgelegen hätte, doch in dem vorliegenden Falle die allerdringendsten Gründe vorhanden waren, davon Abstand zu nehmen. In der Immediat-Eingabe der katholischen Geistlichen sind einige Hauptstellen angegeben, welche zu dieser Beschwerde Veranlassung gegeben haben. Sie sind so schmutziger Art, daß ich sie nur mit Ekel und Widerstreben in diese Schrift aufgenommen habe, weil es die Sache durchaus forderte. Mit vollem Vertrauen zu dem sittlichen Gefühle aller Protestanten kann ich ihnen die Frage zur Entscheidung vorlegen, ob solche Obscönitäten sich für einen Kalender passen, der berufen ist, in alle Häuser und alle Familien einzubringen, ja selbst von den Kindern gelesen zu werden. Es wäre gewiß überaus schändlich, wenn solche Dinge bei den Jesuiten vorgekommen wären; es ist aber fast ebenso schändlich, solche Dinge dem Volke vorzuerzählen. Ein frecher Sittenverderber ist der Verführer; aber ein Sittenverderber ist auch der, welcher von Obscönitäten spricht und — wenn er auch den Schein der Tugend annimmt, — sie Andern erzählt. Wenn es wahr wäre, was hier dem Volke von den Jesuiten vorerzählt wird, so wäre es die Aufgabe eines Mannes, dem es auf Sittlichkeit ankömmt, nicht diesen Schmutz dem protestantischen Volke und den unschuldigen Kindern vorzulegen, sondern diese Greuel in einem mit allen Mitteln der kritischen Wissenschaft ausgestatteten Werke als geschichtliche That=sachen zu beweisen. Wenn es ihm gelänge, dies zu thun, dann wäre ich der letzte, der es ihm verargte, solche Verbrechen offen an den Pranger zu stellen. Nun sind aber diese Vorwürfe Be=hauptungen, die noch nie entfernt bewiesen worden, die selbst von unparteiischen protestantischen Schriftstellern als boshafte Erfindungen anerkannt werden, die den unlautersten und schlech=testen Quellen entnommen sind, und offenbar und handgreiflich dem leidenschaftlichen Parteikampfe ihre Entstehung verdanken. Wenn es daher schon verwerflich ist, Greuel der Unsittlichkeit, die begangen worden sind, in einem populären Buche dem Volke und den Kindern des Volkes zu erzählen, wie unaussprechlich verwerflich ist es dann, dies in den populärsten aller Schriften, in Kalendern bezüglich solcher Anschulbigungen zu thun, die nur der Haß erfunden hat[1])! Es ist doch unmöglich, daß ein solches Verfahren auch bei unsern entschiedensten Gegnern Billi=gung finden kann, und daß man sogar den gemeinsten Schmutz hinnimmt und den Kindern vorerzählen läßt, wenn er nur einer katholischen Institution nachgeredet wird. Es hätte daher der Herr Prälat Dr. Zimmermann und die evangelische Geistlichkeit des Landes, wie mir scheint, auch schon deßhalb Ursache gehabt, in dem vorliegenden Falle sich des betreffenden Kalenders nicht anzunehmen, um so jeden Schein der Billigung einer derartigen Polemik gegen die Katholiken zu meiden.

Endlich kann ich auch das nicht für berechtigt halten, wenn Herr Prälat Dr. Zimmermann und mit ihm die evangelische Geistlichkeit in einer Sache, bei der ich persönlich mich gar nicht betheiligt hatte, so nebenbei die schwersten Vorwürfe auf mich häufte. Wenn ich in der That seit vielen Jahren zu diesen Be=schuldigungen Veranlassung gegeben habe, so würde ich einen

---

1) Leider kommen auch in der „Kurzen Geschichte der christlichen Religion und Kirche zum Gebrauche in Volksschulen von K. L. Sackreuter, durchgesehen und mit den nöthigen Zusätzen versehen von Dr. Karl Zimmermann. Darmstadt 1866. Eilfte Auflage," ganz ähnliche Stellen, wie in dem oben bezeichneten Artikel des Gustav=Adolph=Kalenders vor, welche selbst in ihrem Ausdrucke so anstößig sind, daß wir nicht begrei=fen, wie man so etwas Kindern als Schulbuch in die Hand geben kann.

offenen, directen und wohlbegründeten Angriff für würdiger und angemessener gehalten haben.

Doch über alle diese formellen und Nebenbedenken gehe ich jetzt hinweg, um zur Hauptsache zu kommen. Ich frage daher: Ist es wahr, daß „seit einer Reihe von Jahren eine Menge Verunglimpfungen und Herabwürdigungen des evangelischen Glaubens" in meinen Hirtenbriefen sich vorfinden? Diese Frage bin ich zu stellen berechtigt und verpflichtet. Ich werde sie jetzt eingehend erörtern und feststellen, ob diese Anklage begründet ist, oder ob sich durch dieselbe Herr Prälat Dr. Zimmermann mit den von ihm vertretenen evangelischen Landesgeistlichen eine Unwahrheit vor dem Throne Sr. Königlichen Hoheit des Großherzogs schuldig gemacht hat.

Die Frage gewinnt durch die Agitationen in unserm Lande eine größere Wichtigkeit. In derselben Weise wie man im Interesse des Parteikampfes mich als einen Mann hingestellt hat, der sich überall einmische und nach Einfluß in den höchsten Kreisen nicht nur strebe, sondern ihn auch erlangt habe, so hat man mich auch in demselben Interesse als einen fanatischen Bischof hingestellt, der in Wort und That Unduldsamkeit gegen alle Nichtkatholiken übe. Vielleicht haben manche evangelische Geistliche in diesem Vorurtheile der Adresse beigestimmt, während sie die Hirtenbriefe selbst nicht einmal kannten. Insoweit ist mir diese Gelegenheit, verderblichen Vorurtheilen entgegen treten zu können, nicht unerwünscht. Meine ganze Unduldsamkeit besteht darin, daß ich von dem Glauben meiner Kirche überzeugt bin und nach demselben mein Amt zu üben trachte. Diese Unduldsamkeit geht nicht über das Maß hinaus, das nothwendig in jeder aufrichtigen Ueberzeugung liegt, worüber ich mich noch später erklären werde. Weiter kenne ich keine Unduldsamkeit.

III.

Erste Frage.

Ist es wahr oder unwahr, daß, wie die Adresse der evangelischen Geistlichkeit mit dem Herrn Prälaten Dr. Zimmermann an der Spitze behauptet, „das Oberhaupt der katholischen Kirche Hessens in seinem im Jahre 1855 erlassenen Hirtenbriefe den schweren Vorwurf auszusprechen wagte, es sei dem deutschen Volke in Folge der Reformation die Treue und das Gewissen abhanden gekommen?"

Herr Prälat Dr. Zimmermann antwortet in dem oben mitgetheilten Schreiben vom 11. Januar im Verein mit den beiden Mitsuperintendenten: „Ja, das haben Ew. Hochwürden behauptet. . . . Klar und deutlich steht es da und ist somit vor der ganzen Welt behauptet worden, hat also die größte Publicität erhalten: Seit der Reformation ist dem deutschen Volke Treue und Gewissen abhanden gekommen. Kein Sprachkünstler vermag etwas anderes aus dieser Stelle herauszuinterpretiren, als was der sel. Bunsen behauptet hatte."

Herr Prälat Dr. Zimmermann führt uns hier zu der Quelle, aus der die ganze Anklage gegen mich geflossen, nämlich zu dem Herrn Geheimen Rath Dr. Josias Bunsen, welcher sie in seinen im Jahre 1855 erschienenen „Zeichen der Zeit" zuerst aufgestellt hat. Schon deßhalb verdienen dessen Worte hier eine Stelle; zugleich aber auch, weil sie am besten die Leidenschaftlichkeit und die unglaubliche Uebertreibung an's Licht stellen, aus der diese ganze Anklage entstanden ist. Hören wir also Herrn Dr. Josias Bunsen. Er sagt Bd. I. S. 62 ff.:

„Wenn der Prälat — ich habe die Ehre, hier gemeint zu sein — aber gerade heraus sagt, das deutsche Volk habe das Gewissen verloren, so zwingt uns das eigene Gewissen, welches vor allen Dingen gebietet wahr zu sein, ihm mit christlicher Freiheit zu antworten, daß wir dieses Wort tief bedauern seinetwegen. Es möchte uns eher eines rohen Junkers und eines übermüthigen Priesters würdig scheinen, als eines so hochgebildeten deutschen Mannes und eines christlichen Bischofs. Ja, es möchte uns zu sehr an die ernsten Worte unsers Herrn, von der Sünde gegen den heiligen Geist mahnen, die nicht vergeben werden soll (Matth. XII. 31. 32. Marc. III. 29. Luc. XII. 10.), als daß wir ohne Grauen dabei verweilen könnten; wir dürfen nur hoffen, der Bischof habe nicht gewußt, was er sagt.

Wer seiner eigenen Nation, der großen Gemeinde, die ihn geboren und erzogen hat, das Gewissen abspricht, bannt sie aus aller Theilhaftigkeit am Geiste Gottes, insofern sie nicht denkt wie er über kirchliche Dinge. Und dieses thut ein deutscher Prälat — an einem deutschen Jubelfeste — am Vorabend einer großen Versammlung von Bischöfen, mit dem Blick auf drei Jahrhunderte. In diesen drei Jahrhunderten nun hat (nach dem Urtheile wenigstens derer, welche ihr Gewissen und ihre Augen nicht unter der Peters=kuppel in der Gruft des Apostels gelassen haben), deutscher Geist, deutsche Aufrichtigkeit, deutsche Treue und deutscher Gedanke die Welt mehr als einmal erleuchtet und gerettet. Empfand denn aber der deutsche Bischof nicht einen Schauder, als er diesem seinem Volke, seiner Heimat, seiner Mutter, Gewissen und Ehre absprach? als er das Wort „Messiasmord" mit ihm in Verbindung brachte, uneingedenk, daß es noch einen Messias zu morden gäbe, den Leib Christi in der Welt, die Gemeinde und das Gewissen derer, die in ihr leben? Wohl wandelt dieser Messias, wie einst jene göttliche Persönlichkeit selbst, über die Erde in Knechtsgestalt, und nirgends mehr als in unserm zerrissenen Vaterlande. Aber eben weil Niemand den Geist in der Menschheit schmähen kann, ohne Gott zu schmähen oder zu verleugnen, soll man von den Kindern derselben Mutter mit Liebe, von dem Ganzen aber mit Ehrfurcht reden. Und wir wollen es wiederholen, insbesondere von einer solchen Mutter und einem solchen Volke, und in einer solchen Lage des Vaterlandes und der Welt."

Ich gestehe, daß noch nie in meinem Leben mein innerstes Gefühl so empört wurde und daß ich noch nie zuvor mich so persönlich falscher Anklage gegenüber gefunden hatte, als da ich zum erstenmale diese Worte las. Seitdem bin ich freilich an Aehnliches in jenem Kampfe des Parteiwesens gegen die katholische Kirche sattsam gewöhnt worden. Der mit dem Scheine sittlicher Entrüstung und patriotischer Empfindung mir gemachte Vorwurf: ich habe dem deutschen Volke das Gewissen abgesprochen, ich habe die Nation, die mich geboren und erzogen, geschmäht, ja sogar, wie Bunsen zu sagen wagt, dem Volke, der Heimath, der Mutter, der ich angehöre, Gewissen und — setzt er hinzu — Ehre abgesprochen, empörte mich in Mark und Bein. Daß dieser Mann sich den Schein gab, mich an Liebe zum deutschen Volke zu übertreffen und mir über Schmähung desselben Lectionen zu halten, war mir die tiefste Beschämung meines Lebens. Ich griff zuerst nach meinem Hirtenbriefe, um zu sehen, ob mir denn in der That irgend ein unbedachtes Wort entschlüpft sei, das zu einem solchen Vorwurf hätte Veranlassung geben können. Als ich mich von dem Gegentheile überzeugt hatte, war mein erster Gedanke, gegen diese heillose Verdrehung meiner Worte und Absichten öffentlich aufzutreten. Allein bei ruhiger Ueberlegung behielt damals der Gedanke die Oberhand, daß es dessen für alle Urtheilsfähigen nicht bedürfe. Es war ja der Mann, der diese Beschuldigung erhoben, schon in den Kölner Wirren durch seine diplomatischen Künste und die Art, wie sie zu Schanden geworden, weltbekannt; bekannt war auch der tiefe Haß, welcher ihn gegen die katholische Kirche erfüllte [1]). Zudem war die Entstellung des Sinnes meines Hirtenbriefes so offenbar, daß ich glaubte annehmen zu können, es sei meiner Würde am entsprechendsten, auf einen solchen Angriff aus solchem Munde nicht zu antworten.

Ich habe mich gründlich getäuscht und nachträglich mein damaliges Stillschweigen bedauert; die Unwahrheit und Verdächtigung, welche Dr. Josias Bunsen gegen mich ausgesprochen, fand in der Abneigung gegen die katholische Kirche einen üppigen Boden, und so ist es geschehen, daß sie in zahllosen Blättern wiederholt wurde. Sie ist später oft und auch von mir in ihrer ganzen Unwahrheit zurückgewiesen worden, aber vergeblich. Ganz ohne Indignation habe ich sie noch nie lesen können, da selbst der Schein, der dadurch auf mich geworfen wurde, meine tiefste

---

[1]) In dem interessanten Buche: „Meine Wanderung durch's Leben" erzählt der königlich preußische Geheime Regierungsrath Dr. Gerd Eilers folgendes hierher Bezügliche: „Nach dem Ableben Friedrich Wilhelm's III. erwartete und wünschte man in der Berliner höheren Beamtenwelt, wo der Haß gegen die katholische Kirche das Interesse für die evangelische anregte (merkwürdiges Geständniß eines Mannes, der wie wenig andere, die intimsten Verhältnisse der Berliner höheren Beamtenwelt kannte), die Berufung Bunsen's zum Minister der geistlichen Angelegenheiten. Denn wer konnte diesem Hasse besser dienen als der Mann, der, wie man glaubte, durch die schnöde Zurückweisung der diplomatischen Note, welche er von Ancona aus am 17. December 1837 an den Cardinal-Staatssecretär erlassen hatte, selbst mit Haß gegen die katholische Kirche erfüllt worden sei?" (IV. Theil S. 41.) Diese Berliner Staatsmänner haben Bunsen und die Stimmung seines Herzens gewiß richtig beurtheilt.

Empfindung verletzt. Ich beruhigte mich jedoch, wenn ich an den Werth der Blätter dachte, in welchen dieser Vorwurf mir wiederholt gemacht wurde.

Jetzt aber, nach fast dreizehn Jahren, bringt der Prälat Dr. Zimmermann diese Beschuldigung gegen mich und zwar im Verein mit der gesammten Geistlichkeit der evangelischen Landeskirche bis vor den Thron des Großherzogs und wagt zu behaupten, daß ich dem deutschen Volke als Folge der Reformation Treue und Gewissen abgesprochen. Es ist nur zu verwundern, daß man nicht mit Bunsen noch die Behauptung beifügte, ich hätte dem deutschen Volke auch „die Ehre" abgesprochen.

Dadurch ist eine gründliche Prüfung dieser Anklage für mich zur Pflicht geworden. Wenn es wahr ist, daß ich behauptet, das deutsche Volk habe durch die Reformation „Treue, Gewissen und (wie Dr. Josias Bunsen sagt), die Ehre" verloren, dann hätte ich etwas Unverantwortliches ausgesprochen, das nicht scharf und strenge genug gerügt werden könnte; dann hätte ich aber auch in meinen Worten etwas ausgesprochen, gegen das meine eigene innerste Gesinnung und alle Empfindungen meines Herzens den lautesten Protest erheben; denn so lange ich lebe, habe ich wohl eine ungeordnete Liebe für mein deutsches Vaterland und eine gewisse stolze Ueberhebung desselben über andere Völker in mir bekämpfen müssen; aber einen Mangel an Liebe und Achtung zu demselben habe ich wahrlich noch nicht in mir gefunden. Wenn dagegen jener Vorwurf des Dr. Josias Bunsen unwahr ist, so habe ich nicht das deutsche Volk treu-, gewissen- und ehrlos genannt, wohl aber haben meine Gegner eine falsche Anklage gegen mich erhoben.

Ich lasse, um Allen es möglich zu machen, diese ernste Streitfrage gründlich zu prüfen und selbst zu entscheiden, zunächst den Abschnitt meines bei Gelegenheit der Säcularfeier des hl. Bonifacius im Jahre 1855 erlassenen Hirtenbriefes, in welchem der incriminirte Satz vorkömmt, folgen. Ich werde jenen Satz selbst durch gesperrte Schrift hervorheben, obwohl er im Hirtenbriefe nicht so vorkömmt, um die Aufmerksamkeit der Leser sofort darauf hinzuleiten:

„Durch dieses Werk der Einigung der deutschen Völker in Einem Glauben und Einer Kirche ist der heilige Bonifacius aber nicht nur unser geistiger Vater, sondern er ist auch zugleich der wahre Begründer der Größe des deutschen Volkes als einer einigen mächtigen Nation. Er hat nicht nur zahlreiche Volksstämme dem Christenthum gewonnen, er hat auch in diese Völker die geistigen Fundamente ihrer bürgerlichen Einigung, ihrer christlichen Staatsordnung, ihrer Größe in der Weltgeschichte gelegt. Ohne jene geistigen Bande, zusammengehalten durch die Kirchenverfassung, wäre aus so verschiedenen Volksstämmen nie ein deutsches Volk hervorgegangen. Wir hätten vielleicht nicht einmal eine Sprache gefunden, die uns Allen verständlich ist wie das Hochdeutsche, und die Verschiedenheit der Dialekte hätte sich zu ähnlichen Gegensätzen entwickelt, wie sie in der holländischen und englischen Sprache vorliegen, so daß wir uns nicht mehr ohne besonderes Sprachstudium hätten verstehen können. Ohne jene mächtige geistige Anregung, welche der heilige Bonifacius seiner Zeit gab, und seinen persönlichen Einfluß auf Carlmann und Pipin (Carl der Große war etwa 14 Jahre alt, als der heilige Bonifacius starb), hätten auch die Carolinger sich wohl nicht zu der Idee einer christlichen Staats- und Weltordnung erhoben und Carl der Große wäre nur geworden, was Carl Martel gewesen war. Als daher später diese geistige Grundlage wieder gestört und das geistige Band zerrissen wurde, durch welches der heilige Bonifacius die deutschen Völker verbunden hatte, da war es auch aus mit der deutschen Einheit und der Größe des deutschen Volkes. Wie das Judenvolk seinen Beruf auf Erden verloren hat, als es den Messias kreuzigte, so hat das deutsche Volk seinen hohen Beruf für das Reich Gottes verloren, als es die Einheit im Glauben zerriß, welche der heilige Bonifacius gegründet hatte. Seitdem hat Deutschland fast nur mehr dazu beigetragen, das Reich Christi auf Erden zu zerstören und eine heidnische Weltanschauung hervorzurufen. Seitdem ist mit dem alten Glauben auch die alte Treue mehr und mehr geschwunden, und alle Schlösser und Riegel, alle Zuchthäuser und Zwangsanstalten, alle Controlen und Polizeien vermögen uns nicht das Gewissen zu ersetzen. Seitdem gehen die deutschen Herzen und die deutschen Gedanken immer weiter auseinander, und wir sind vielleicht eben jetzt mitten in einer Entwicklung begriffen, die das Verschwinden des deutschen Volkes als eines einigen Volkes vorbereitet und eine Mauer unter uns aufführt, die ebenso fest ist als jene, die uns schon von anderen deutschen Volksstämmen trennt. Seitdem leiden aber auch die Zweige, welche an dem alten Stamme geblieben sind; — denn wenn an einem großen Baume ein mächtiger Zweig abbricht, so fängt der ganze Baum an zu trauern und es währt lange, bis er seine frühere Kraft wieder erhält und bis ein neuer Zweig den alten ersetzt. Das ist eben die Verblendung. Man wirft der katholischen Kirche so viele Sünden ihrer Glieder, so viele traurige Erscheinungen auch in katholischen Ländern vor, ohne zu bedenken, daß sie großentheils Folgen jener unseligen Trennung sind. Je edler das Glied ist, desto tiefer erschüttert es den Körper, wenn es anfängt, seinen Dienst zu versagen. Je höher der Beruf des deutschen Volkes für die Entwicklung der christlichen Weltordnung war, desto gründlicher und dauernder mußte diese ganze Weltordnung erschüttert werden, als jenes Glied seinen Dienst versagte; desto länger wird es dauern, bis ein neuer Zweig den abgefallenen Ast ersetzen und den Beruf erfüllen kann, den das deutsche Volk von sich gewiesen hat."

Betrachten wir nun zuerst den Satz, welcher die Behauptung enthalten soll, daß das deutsche Volk durch die Reformation Treue und Gewissen verloren habe, für sich, seinem einfachen Wortsinn nach; dann in der Gedankenverbindung, in welcher er in diesem Hirtenbriefe vorkömmt; und endlich im Vergleiche mit ähnlichen Stellen, welchen wir bei anderen Schriftstellern begegnen. Wir werden dann sehen, ob man ohne Verdrehung einen ähnlichen Sinn in meinen Worten finden kann. Mag diese Untersuchung auch etwas weitläufig sein; sie ist nie zu weitläufig, um die Thatsache zu constatiren, ob ein katholischer Bischof in Deutschland so unpatriotisch und so gewissenlos gewesen ist, gegen sein eigenes Volk eine solche Anklage zu erheben, oder ob seine Gegner durch Parteileidenschaft dahin gekommen sind, ihm ohne allen Grund diesen Vorwurf zu machen.

Der incriminirte Satz selbst lautet also: „Seitdem ist mit dem alten Glauben auch die alte Treue mehr und mehr geschwunden, und alle Schlösser und Riegel, alle Zuchthäuser und Zwangsanstalten, alle Controlen und Polizeien vermögen uns nicht das Gewissen zu ersetzen." Enthält dieser Satz die Behauptung, welche in der Adresse des Herrn Prälaten Dr. Zimmermann steht: „Das Oberhaupt der katholischen Kirche Hessens habe gewagt, in seinem Hirtenbriefe den schweren Vorwurf auszusprechen, es sei dem deutschen Volke in Folge der Reformation die Treue und das Gewissen abhanden gekommen?" Ich sage, bei einer redlichen Interpretation, nein; ich finde vielmehr in der Behauptung der Adresse des Herrn Prälaten Dr. Zimmermann vier offenbare Sinnentstellungen und Unwahrheiten.

Es ist erstens unwahr, daß ich in jenem Satze direct von den Folgen der Reformation spreche. Der Herr Prälat Dr. Zimmermann sagt zwar in seinem Schreiben an mich: „Seitdem (was heißt das wieder? von wann an? Die Antwort ist so klar, wie die Sonne! seit der Spaltung, seit der Reformation) ist u. s. w." Vortrefflich! Das leugne ich nicht, und dazu hätte es aller dieser Wiederholungen mit dem „seitdem" in diesem Schreiben nicht bedurft. Aber „seit der Spaltung," ist etwas ganz anderes, als, wie es in der Adresse heißt: „in Folge der Reformation," und darin liegt die erste Sinverdrehung. Das Wort „Reformation" kommt im ganzen Hirtenbriefe nicht vor. Ich rede in dieser Stelle unmittelbar und direct von den unseligen Folgen der Spaltung, nicht aber davon, wer die Schuld dieser Spaltung trägt. Darauf wird ein Katholik und ein Protestant eine verschiedene Antwort geben, beide aber können, abgesehen von dieser Verschiedenheit ihres Urtheils über die letzte Schuld dieser Spaltung, die Folgen der Spaltung beklagen. Es ist daher gänzlich unberechtigt und eine wesentliche Sinnverdrehung, statt der allgemeinen Zeitbestimmung, die in dem „seitdem" liegt, eine ganz specielle ursächliche Bestimmung zu setzen und die Uebertragung des „seitdem" in die Worte „in Folge der Reformation" ist eine Aenderung meines Wortes und meines Sinnes. Wie sehr ich in diesem Satze direct nur von den unseligen Folgen der Spaltung als solcher rede, darauf komme ich gleich zurück, wenn ich von dem Zusammenhange des Satzes mit der ganzen Stelle spreche, wo wir die Bedeutung dieser Sinnverdrehung noch mehr erkennen werden.

Es ist zweitens unwahr, daß ich in jenem Satze behauptet habe, „es sei dem deutschen Volke in Folge der Reformation die Treue abhanden gekommen." Dr. Josias Bunsen hatte sogar die Stirne, zu behaupten, ich hätte dort dem deutschen Volke auch die „Ehre" abgesprochen. Aber auch die Behauptung des Herrn Prälaten Dr. Zimmermann ist geradezu unwahr, wie eine Vergleichung unmittelbar ergibt. Schon das ist eine offenbare Alterirung meines Gedankens, statt meiner Worte „die alte Treue" ohne Weiters „die Treue" zu setzen. Der Sinn, in dem man von der „alten deutschen Treue" spricht, die man sich so gerne idealisirt und in der man ebenso gerne sich alle deutschen Volksstämme in Liebe und Eintracht verbunden denkt, ist nicht schlechthin identisch mit dem gewöhnlichen Sinne des Wortes „Treue," denn „die alte deutsche Treue" drückt ein Ideal, einen hohen Grad von Vollkommenheit aus. Der Satz: „Die alte deutsche Treue ist verloren," ist nicht gleichbedeutend mit: „die Treue ist verloren." Doch hiervon abgesehen, so habe ich ja gar nicht gesagt, daß die alte Treue verloren sei. Mein Satz lautet: Die alte Treue ist mehr und mehr geschwunden, d. h. redlich und einfach verstanden: hat sehr abgenommen. Der Herr Prälat aber läßt mich sagen: Es sei dem deutschen Volke die Treue abhanden gekommen. Ich frage hier Jeden: Ist das redlich? ist das wahr? ist das nicht eine ganz offenbare Wortverdrehung und Wortfälschung? In dieser Fälschung liegt aber das ganze Gewicht des Vorwurfes des Herrn Dr. Bunsen und des Herrn Prälaten und ihrer Genossen gegen mich. Denn die Behauptung, die mit meiner zusammenfällt, daß durch diese unselige Spaltung, die unter uns besteht, viel Unheil und die größten socialen und sittlichen Nachtheile über das deutsche Volk gekommen seien, finden wir ja in zahllosen Schriften deutscher Männer, die ihr Vaterland liebten, wieder, ohne daß je ihnen ähnliche Vorwürfe gemacht waren. Diese Verdrehung meiner Worte „mehr und mehr geschwunden" in „abhanden gekommen" liegt so zu Tage, und die Anklage gegen mich ist deßhalb so absurd, daß sie mir oft mehr als ein boshafter Scherz, denn als ernstlich gemeint vorkömmt. Ich meine, meine Gegner selbst könnten kaum glauben, daß das, was sie mir nachreden, wahr sei.

Es ist drittens wenn möglich noch unwahrer, daß ich dasselbe vom **Gewissen** ausgesagt und behauptet habe: „Es sei dem deutschen Volke **das Gewissen** abhanden gekommen." Unmittelbar stehen diese Worte augenscheinlich nicht in obigem Satze, wie auch Herr Prälat Dr. Zimmermann zugesteht, wenn er mir schreibt: „Ja, das haben Ew. Hochwürden behauptet, wenn auch nicht mit denselben Worten, doch dem Sinne nach." Daraus folgt schon, daß der Herr Prälat um so mehr Ursache hatte, in seiner Interpretation vorsichtig zu sein, um der Gefahr zu entgehen, statt „meines Sinnes" — „seinen Sinn" in meine Worte zu legen. Der Herr Prälat glaubt nun in seinem Schreiben den Beweis für seine Behauptung dadurch zu liefern, daß er an meine Worte: „Alle Schlösser und Riegel, alle Zuchthäuser und Zwangsanstalten, alle Controlen und Polizeien vermögen uns nicht das Gewissen zu ersetzen," triumphirend seine Sentenz anknüpft: „Ein zu ersetzendes Gewissen setzt aber selbstverständlich ein abhanden gekommenes Gewissen voraus." Das ist aber kein Beweis gegen mich, sondern ein trügerisches Sophisma von seiner Seite, indem er ein Wort, statt es aus seinem Zusammenhange zu erklären, aus demselben herausnimmt und ihm eine allgemeine Bedeutung gibt, die es dort gar nicht hat. Diese Art des Herrn Prälaten, ohne Rücksicht auf die Theile des Satzes lediglich aus zwei Schlußworten desselben: „Gewissen ersetzen" zu argumentiren, ist ganz unſtatthaft. Der Satz: „Seitdem iſt mit dem alten Glauben auch die alte Treue mehr und mehr geſchwunden, und alle Schlöſſer u. ſ. w. vermögen uns nicht das Gewiſſen zu erſetzen", iſt offenbar kein vollſtändiger. Es fehlt ein Zwiſchengedanke, der ergänzt werden muß. Um den Gedanken des Herrn Dr. Zimmermann herauszubringen, müſſen wir ihn ſo ergänzen: „Seitdem iſt mit dem alten Glauben auch die alte Treue mehr und mehr geſchwunden, — außerdem iſt das Gewiſſen abhanden gekommen, alſo ganz verloren gegangen — und alle Schlöſſer und Riegel u. ſ. w. vermögen uns nicht, das Gewiſſen zu erſetzen." Dieſe Ergänzung iſt aber ganz willkührlich und widerſpricht handgreiflich dem, was in dem Satze ſelbſt angedeutet iſt. Es wäre ja ein wahrer Unſinn, wenn ich hätte ſagen wollen: „Die alte Treue hat mehr und mehr abgenommen, das Gewiſſen aber iſt verloren gegangen," da es in der That eine ſonderbare Treue wäre, die noch ohne Gewiſſen fortbeſtanden hätte. Nur wer im Widerſpruch mit der Wahrheit zuerſt mich behaupten läßt, die Treue ſei ſchlechthin abhanden gekommen, nur der kann dann ebenſo im Widerſpruch mit der Wahrheit behaupten, daß ich geſagt hätte, das Gewiſſen ſei abhanden gekommen. Dieſer Zwiſchenſatz, den alſo Herr Prälat Dr. Zimmermann ſich denkt, iſt lediglich eine offenbare Verfälſchung meines Gedankens, und wenn er deßhalb ſagt: „Kein Sprachkünſtler vermag etwas anderes aus dieſer Stelle heraus zu interpretiren," ſo behaupte ich, daß Sprachkünſtler, die das, was Herr Prälat Dr. Zimmermann, herausinterpretiren wollen, recht ungeſchickte oder recht böswillige Sprachkünſtler ſein müſſen. Die einfache und redliche Ergänzung, wodurch der Sinn klar wird, liegt dagegen auf der Hand, und kann nur die ſein: „Seitdem iſt mit dem alten Glauben auch die alte Treue mehr und mehr geſchwunden, — mit ihr auch in demſelben Verhältniß das Gewiſſen, in welchem dieſe Treue wurzelte, — und alle Schlöſſer u. ſ. w. vermögen uns nicht das Gewiſſen, dieſen inneren Grund der alten Treue, zu erſetzen." So iſt der Sinn überaus einfach, unverfänglich und ſpricht lediglich die unleugbare Wahrheit aus, daß die Spaltung unter den deutſchen Volksſtämmen auch die Sittlichkeit vielfach beſchädigt hat. Wer kann das leugnen und mir meine einfachen Gedanken ſo verdrehen? Wir werden alsbald hören, was andere Männer hierüber geſagt haben. Das kann ich aber dem Herrn

Dr. Josias Bunsen und dem Herrn Prälaten Dr. Zimmermann versichern, daß ich bei Abfassung meiner Hirtenbriefe an einfache redliche Leser denke und nicht an Männer, welche meine Worte zu dem Experiment benützen, ob es nicht durch Pressen und Drehen und Schieben möglich sei, einen verkehrten Gedanken hineinzutragen; sonst würde ich mich freilich noch vorsichtiger ausgedrückt haben. An die Möglichkeit, mir eine solche Beschimpfung des deutschen Volkes und zugleich einen solchen bodenlosen Unsinn anhängen zu wollen, habe ich vor dieser Bekanntschaft mit Herrn Dr. Josias Bunsen und seinen Anhängern in der That nicht gedacht. In dieser Hinsicht hört man nicht auf zu lernen.

Eine vierte grobe Unwahrheit ist es, wenn endlich in der beregten Stelle der Abresse meine Worte so gedeutet werden, als sei eine vielfache Beschädigung der Sittlichkeit in Folge der Trennung für das ganze deutsche Volk eingetreten. Ich will diese Fälschung, die sehr groß ist, sofort an einem Beispiel klar machen. Wenn ich sage: In dieser oder jener Stadt, z. B. in Berlin, London, hat die Treue, die Ehrlichkeit und mit ihr die Gewissenhaftigkeit sehr abgenommen, und alle Zuchthäuser vermögen das nicht zu ersetzen; so wäre es gewiß eine gänzliche Entstellung und Verdrehung meiner Worte, wenn behauptet würde, ich hätte gesagt, daß die ganze Bevölkerung, also alle Bewohner von Berlin und London Treue, Ehrlichkeit und Gewissen verloren hätten. Das Letztere wäre unerhört, und eine schmachvolle Beleidigung der Bewohner dieser Städte; das Erstere liest man in allen Blättern und hört man auf allen Straßen, und es fällt Niemanden ein, daraus eine Beleidigung abzuleiten. Diese Verdrehung der Sache findet nun von Seiten meiner Gegner in dieser Anklage statt. Ich sage offenbar: In Deutschland, wovon in dem unmittelbar vorhergehenden Satze die Rede war, hat leider durch die Spaltung der deutschen Volksstämme die alte Treue vielfach abgenommen; meine Gegner schreien dagegen in die Welt: Da höret, wie dieser katholische Bischof es treibt; er schmäht sein Vaterland; er schmäht die Mutter, die ihn geboren; er beschimpft das deutsche Volk vor der ganzen Welt, und sagt, das ganze deutsche Volk habe Treue, Ehre und Gewissen verloren[1])!

---

1) Auch dadurch ist dieser wahre Sinn meiner Worte in dem Satze selbst klar angedeutet, daß ich von dem Gewissen, welches ersetzt werden soll, be-

Also vier sinnentstellende Unwahrheiten mußten in meinen Satz: "Seitdem ist mit dem alten Glauben auch die alte Treue mehr und mehr geschwunden und alle Schlösser 2c. vermögen uns nicht das Gewissen zu ersetzen" hineingelegt werden, um die Anschuldigung des Herrn Dr. Josias Bunsen und des Herrn Prälaten, ich hätte behauptet, "es sei in Folge der Reformation dem deutschen Volke die Treue und das Gewissen abhanden gekommen," zu rechtfertigen; es mußte an Stelle des "seitdem" gesetzt werden "in Folge der Reformation," statt "die alte Treue ist mehr und mehr geschwunden": "die Treue ist dem deutschen Volke abhanden gekommen"; es mußte allen Grundsätzen der Logik zuwider ein Gedanke über das "abhanden gekommene Gewissen" supplirt werden, der mit dem ersten und letzten Gliede des Satzes, wie er sich in meinem Hirtenbriefe findet, in vollem Widerspruch steht, und endlich mußte das, was ich nur in einem beschränkten Sinne von einer Abnahme der alten Treue und christlichen Gewissenhaftigkeit im Allgemeinen sage, so ausgelegt werden, als ob ich es von dem ganzen deutschen Volke behauptet habe. Weiter kann doch wohl Sinnentstellung und Verdrehung und Verleugnung aller Gesetze der Sprache nicht getrieben werden; und von diesem Verfahren sagt Herr Prälat Dr. Zimmermann: "Kein Sprachkünstler vermag etwas Anderes aus dieser Stelle herauszuinterpretiren!"

Das Gesagte über die Entstellung meines Gedankens findet aber seine volle Bestätigung, wenn wir von der blos wörtlichen Deutung des Satzes absehen und ihn in seinem Zusammenhange betrachten. Ich habe die ganze Stelle vorher mitgetheilt und bitte meine verehrten Leser, sie noch einmal durchzulesen. Leibnitz sagt in einem seiner Briefe, daß wir mit allen unsern Thränen das Verderben, welches diese Spaltung über Deutschland gebracht hat, nicht genug beweinen können.[1]) Das war mein Gedanke und meine Empfindung, als ich diese

---

züglich jener spreche, denen es durch Schloß und Riegel ersetzt werden muß. So wenig ich daher behauptet habe, daß das ganze deutsche Volk hinter Schloß und Riegel oder unter Polizeiaufsicht gehöre, so wenig habe ich behauptet, daß das ganze deutsche Volk das Gewissen verloren habe.

1) Cette funeste séparation ne sauroit être assez pleurée de toutes nos larmes, pour me servir de l'expression touchant de M. Pellison. Lettre IV, de Leibnitz a Mme. de Brinon.

Schmerzensworte über den Riß, der durch „die deutschen Herzen und die deutschen Gedanken" geht, niederschrieb. Ich dachte an die Spaltung und ihre Folgen; ich dachte an jene glückselige Zeit, wo wir noch alle ein brüderliches Volk waren, und, statt in Haß und Trennung uns gegenüber zu stehen, in Liebe und Eintracht verbunden waren. Wenn in einer Familie Streit ausgebrochen und in Folge dieser Zwietracht viel Verderben gekommen ist, so ist es wohl berechtigt, von dem Unglück dieser Zwietracht zu sprechen, ohne immer zu fragen: Wer hat die Schuld an demselben? Ich habe oben schon gesagt, daß hierauf Katholiken und Protestanten eine verschiedene Antwort geben werden; aber trotzdem können Katholiken und Protestanten mit gleicher Begeisterung von dem Glücke der Einheit und mit gleichem Schmerze von dem Verderben der Trennung reden. Der Grundgedanke dieser ganzen Stelle war der Schmerz über die Trennung mit all dem Haß, mit all dem Streit, Haber und Kampf, mit allem Unglück, welches seitdem über Deutschland gekommen ist.

Ich entwickele ihn in meinem Hirtenbriefe in folgender Weise: Bonifacius hat durch die religiöse Einheit Deutschlands auch den Grund zu dessen politischer Einheit gelegt. Diese von Bonifacius gegründete Größe der deutschen Nation liegt nicht blos in der nationalen Einheit, sondern darin, daß in dem von Karl dem Großen gegründeten Reiche durch das Kaiserthum und den Schutz, welchen es der Rechtsordnung und dem Frieden in der großen christlichen Völker- und Staaten-Republik verlieh, die Idee einer christlichen Weltordnung wenigstens annäherungsweise verwirklicht war. Dadurch war der Primat Deutschlands unter allen Völkern und die Weltstellung des Reiches deutscher Nation und darin der letzteren Größe gegründet.

Diese Größe und Einheit Deutschlands wurde daher wieder zerstört, als ihr Fundament, die religiöse Einheit, zerstört wurde durch die Glaubensspaltung.

In Folge dieser Glaubensspaltung ging auch jener Weltberuf verloren, jener Primat, welchen Deutschland für die ganze christliche Welt hatte. Wie die Juden durch die Verwerfung Christi aufhörten, in religiöser Beziehung das auserwählte Volk und der bevorzugteste Träger der wahren Religion unter allen Völkern zu sein; so hat auch Deutschland durch die Zerstörung der Glaubenseinheit seinen hohen Beruf für das Reich Gottes verloren,

nämlich den Beruf, unter allen Nationen der bevorzugte Hort
der Kirche, der chriſtlichen Rechtsordnung und des chriſtlichen
Geiſtes zu ſein [1]).

In Folge dieſer Glaubensſpaltung hat aber Deutſchland
nicht nur aufgehört, die vorzüglichſte Stütze des Chriſtenthums
in der Welt zu ſein, ſondern es hat auch ſeitdem gerade umge=
kehrt zur Zerſtörung des Chriſtenthums, zur Erzeugung und Ver=
breitung einer heidniſchen Weltanſchauung ſo vieles beigetragen.
Hier dachte ich vorzugsweiſe an den ſpecifiſch unchriſtlichen Ra=
tionalismus und Naturalismus, an jene pantheiſtiſche und ma=
terialiſtiſche Weltanſchauung, Wiſſenſchaft und Literatur mit all
ihren nothwendigen Conſequenzen in politiſcher, ſocialer, ſittlicher
und religiöſer Beziehung, welche weſentlich von Deutſchland aus=
geht und wodurch in und außer Deutſchland ein ſpecifiſches Un=
chriſtenthum jene Macht erreicht hat, worüber gläubige Katholiken
und Proteſtanten gleichmäßig klagen. Daß aber dieſe Erſcheinungen
in Deutſchland mit der Glaubensſpaltung in einem urſächlichen
Zuſammenhange ſtehen; daß die gehäſſige Art und Weiſe, wie man
die katholiſche Kirche und ihre ganze Geſchichte bekämpfte für Viele
ein Anlaß zum Kampf gegen das Chriſtenthum überhaupt wurde;
daß die Glaubensſpaltung viele Geiſter zum Abfall von allem
chriſtlichen Glauben führte, iſt eine Thatſache der Geſchichte.

Ein merkwürdiges Beiſpiel von dieſem Einfluſſe der Religi=
onskämpfe und der aus ihnen hervorgegangenen, einſeitigen Auf=
faſſung der ganzen chriſtlichen Vergangenheit auf Männer, die
ſpäter dem Unglauben anheim fielen, iſt König Friedrich der
Große. Man geſtatte mir dieſe intereſſante Digreſſion. Schon
die Inſtruction, welche ſein Vater Friedrich Wilhelm I. dem Grafen
von Finkenſtein und dem Oberſten von Kalkſtein für die reli=
giöſe Erziehung ſeines Sohnes ertheilte, iſt merkwürdig. Sie lautet:
„Inſonderheit muß Meinem Sohn eine rechte Liebe und Furcht vor
Gott, als das Fundament und die einzige Grundſäule unſerer zeitlichen

---

[1] Hieraus ergibt ſich auch, mit welcher Unwahrhaftigkeit die betreffende
Stelle ſo gedeutet wird, als ob ich die Reformation mit der Ermordung
Chriſti verglichen hätte. Dadurch iſt in perfider Weiſe der ganze Vergleich=
ungspunkt verdreht und ein ganz neuer Gedanke untergeſchoben, da ich doch
nur den Weltberuf des deutſchen Volkes mit dem Weltberuf des jüdiſchen
Volkes verglichen habe, welcher durch die Trennung verloren ging.

und ewigen Wohlfahrt recht beigebracht, hingegen aber alle schädliche und zum argen Verderben abziehende Irrungen und Secten, als Atheist=, Arrian=, Socianische, und wie sie sonst Namen haben mögen, als ein Gift, welches so zarte Gemüther leicht bethören, beflecken uud einnehmen kann, aufs Aeußerste gemieden und in seiner Gegenwart nicht davon gesprochen werden; wie denn ingleichen Ihm auch vor die katholische Religion, als welche mit gutem Fug mit unter denenselben gerechnet werden kann, so viel als immer möglich, einen Abscheu zu machen, deren Ungrund und Absurdität vor Augen zu legen und wohl zu imprimiren [1]." Wohin aber eine solche Erziehung führen müsse, ergibt sich von selbst. In dieser Hinsicht hat Friedrich II. nach dem Zeugnisse des protestantischen Theologen Töllner später selbst bekannt, daß die herkömmliche protestantische Vorstellung von der Kirchengeschichte, als sei sie ein großes, von Schurken und Heuchlern auf Kosten der betrogenen Massen ausgeführtes Drama, die eigentliche Ursache seiner Verachtung des Christenthums sei [2]. Wenn die Geschichte des Christenthums nichts anders als ein solches Drama ist, dann liegt der Schluß sehr nahe, daß der Stifter eines solchen Werkes unmöglich der Sohn Gottes kein könne. Woher kam es aber, daß die Kirchengeschichte in diesem Geiste behandelt wurde? — Aus der Spaltung der Herzen der Deutschen, aus der Erbitterung der dadurch hervorgerufenen Gegensätze. Derselbe Töllner sagt darüber: „Unter den Protestanten ist die Kirchengeschichte nichts anderes als ein historischer Beweis für die Nothwendigkeit einer Kirchenverbesserung und von einem in Lehr nnd Leben überhand genommenen Verderben. Nach den Protestanten war die Kirche wenigstens seit dem achten Jahrhundert ein Schauplatz von Unwissenheit und Bosheit. Alle Vorsteher derselben waren greuliche Irrlehrer und sie selbst ein vollkommenes Narrenhaus." Er bemerkt dann: „die übertriebene Sorgfalt, mit welcher bisher protestantischer Seits Alles gesammelt worden, was zu einigem Zeugnisse für den ehemaligen herrschend gewordenen Verfall in der Kirche brauchbar ist, die Ungerechtigkeit, mit welcher dieser Seits alle ehemaligen Vorsteher und Häupter der Kirche als Tyrannen und alle Glieder derselben als Heiden vor-

---

[1] Preuß, Friedrich der Große. Berlin 1832. Bd. 1. S. 10 f.
[2] Döllinger, Kirche und Kirchen. S. 393 f.

gestellt werden, und die Nachlässigkeit, mit welcher dieser Seits das neben allem eingerissenen Verderben in der Kirche zu aller Zeit vorhanden gewesene Gute übersehen wird; diese Mängel in der Kirchengeschichte unter den Protestanten werden von den Widersachern des Christenthums begierig zu i h r e m E n d z w e c k benutzt ¹)." Ebenso führten den Breslauer Consistorialrath K a r l A d o l p h M e n z e l in seiner „Neueren Geschichte der Deutschen" seine Forschungen zu demselben Ergebniß in Betreff der auf Seite der Protestanten gang und gebe gewordenen Auffassung und historischen Behandlung der christlichen Vergangenheit ²).

In Folge der Glaubensspaltung sind aber auch große und sittliche Uebel über Deutschland gekommen, sowohl für Katholiken wie für Protestanten, und alle äußerlichen Maßregeln der bloßen Polizei vermögen sie nicht zu entfernen. Darauf bezieht sich mein hinreichend besprochener Satz und findet in diesem Zusammenhang die Erklärung, die ich ihm oben gegeben habe, ihre volle Bestätigung.

1) Töllner's kurze vermischte Aufsätze. Frankf. a. a. O. 1769. II. 87 ff.

2) Der Haß, so lautet sein Urtheil, mit welchem das Papstthum betrachtet ward, dehnte sich nach und nach auf alles dasjenige aus, was mit der Römischen Kirche verwandt oder aus deren Pflege hervorgegangen war. Die Geschichte erschien als Mitschuldige der antichristlichen Arglist, die in der langen Reihefolge geistlicher Machthaber und ihrer Gehilfen verkörpert, ein Jahrtausend hindurch Lug und Trug für Wahrheit und Recht verkauft, und im deutlichen Bewußtsein von der Verruchtheit ihres Thuns, unabläßig daran gearbeitet haben sollte, das gesammte Christenvolk, vornehmlich aber das Deutsche, immer tiefer in die Nacht des Irrthums und der Sünde zu verstricken. Eine solche Ansicht war nicht geeignet, geschichtlichen Sinn zu entwickeln und die Geister zur Freiheit des Urtheils zu erziehen. Die Flur, auf welcher die Saat der Jahrhunderte geblüht hatte, verwandelte sich durch sie in eine dürre Steppe voll Disteln und Dornen, und anstatt das eigentliche Leben der Zeiten zum heitern Verständniß zu bringen, anstatt die großen Gestalten der Vergangenheit dem gegenwärtigen Geschlechte näher zu führen, war die Geschichtsforschung ängstlich bemüht, Beispiele und Belege für die Behauptung zu sammeln, daß zwischen dem fünften und dem sechzehnten Jahrhundert eine tiefe Finsterniß die Völker bedeckt habe, und nur bei einigen Zeugen der Wahrheit ein spärlicher Funke des Lichtes christlicher Erkenntniß aufbehalten worden sei. Der Phantasie vertrocknete mit der liebevollen Anhänglichkeit an die vaterländische Vergangenheit ihr Lebensquell, und an dessen Stelle legte sich eine Eisrinde theologischer Begriffe und scholastischer Lehrformeln um die Herzen. Die ganze nationale Atmosphäre wurde erkältet, indem die religiösen Gefühle und Gedanken des Volkes an dieser Eisrinde sich festsetzten. (Bd. V. S. 93 f.)

Endlich deute ich auf eine letzte unselige Folge dieser Spaltung, welche an die Stelle der Einheit getreten ist, auf die Gefahr unseres Vaterlandes hin, vollständig zerrissen zu werden. Die Worte: „Seitdem gehen die deutschen Gedanken und die deutschen Herzen immer weiter auseinander und wir sind vielleicht mitten in einer Entwicklung begriffen, die das Verschwinden des deutschen Volkes als eines einigen Volkes vorbereitet und eine Mauer unter uns aufführt, die ebenso fest ist als jene, die uns schon von anderen deutschen Volksstämmen trennt", — ich dachte dabei an Elsaß, Lothringen u. s. w. — sind unterdessen in trauriger Weise in Erfüllung gegangen. Damals konnte ich nicht denken, daß diese schreckliche Trennung unter uns so bald eine neue entsetzliche Frucht tragen sollte. Deutschland ist in der That verschwunden. Wir haben einen Nordbund, wir haben eine Anzahl anderer deutscher souveräner Länder, wir haben ein Oesterreich, aber kein Deutschland mehr, und wer weiß, ob nicht die Grenze, die jetzt die österreichischen deutschen Länder von den übrigen deutschen Ländern trennt, in nicht ferner Zukunft ebenso hoch aufgethürmt ist, als die Grenze, welche uns jetzt von jenen deutschen Ländern scheidet, die mit Frankreich verbunden sind?

Das war der Grundgedanke jener ganzen Stelle. Ich dachte mit Wehmuth und Schmerz an die ungeheure Entfremdung der Geister, die aus jener Spaltung hervorgegangen ist, an den entsetzlichen Samen der Mißverständnisse, ja des Hasses, den sie ausgestreut hat. Auch in andern Ländern gibt es Parteikämpfe, aber nicht so erbittert, nicht so gehässig [1]), nicht so unversöhnlich,

---

[1]) Selbst noch auf dem Kirchentage zu Bremen 1852 finden wir diesen Geist. Die „Neue Preuß. Zeitung" vom 19. Sept. 1852 berichtet darüber: „Gegen Hengstenbergs Rede über das Verhältniß zur katholischen Kirche, besonders der Missionen, trat eine Wolke von Rednern auf. Nach Dr. Sanders Rede, die damit schloß: „Lasset uns den Feind suchen, wo er wirklich ist, nämlich im Herzen Rom's!" — heißt es: „Jetzt waren die Schleußen gezogen und nun gingen die Wasser hoch." „Babel muß fallen, Rom ist eine Ausgeburt der Hölle, das infernale System des Papstthums fordert Haß, und das Evangelium darf, so lange Rom noch Rom ist, keine Gemeinschaft mit ihm haben." — Das waren Grundaccorde, die angeschlagen wurden." Soweit der Bericht der Neuen Preußischen Zeitung. Pfarrer Ledderhose von Brombach machte es seinem Vorredner zum Vorwurf, „daß er nicht erkannt hat, daß die katholische Kirche eine höllische Ausgeburt ist. Das ist sie, bestätigt er, nach den Grundsätzen der Reformatoren."

nicht so ohne Hoffnung, einen Punkt zu finden, wo man sich noch freundlich (als Glieder eines Volkes) die Bruderhand bieten könnte, als in Deutschland. Unser Staatsleben, unsere gesell= schaftlichen Beziehungen, der Geist unserer politischen Corporationen, unsere Literatur, unsere Geschichtschreibung, unsere ganze Tages= presse mit allen ihren Erzeugnissen ist davon vergiftet. Selbst der Rationalismus, der sich scheinbar allen Religionen gegenüber indifferent verhält, ist dieses keineswegs; er ist nicht religiö= ser Rationalismus, sondern irreligiöser Fanatismus; er trägt ganz und gar den Geist in sich, der aus jener Spaltung hervorgegangen ist. Freilich, wir sprechen noch eine Sprache; aber die Sprache ist es nicht, die den letzten Grund für den wohlwollenden Verkehr der Menschen untereinander bietet, sondern

---

(Verhandl. des deutschen evangel. Kirchentags zu Bremen 1852 S. 100). Als letzter Redner trat Director Dr. Wackernagel aus Elberfeld auf und schloß sein wohlüberdachtes Referat über Abfassung eines gemeinsamen Gesangbuches mit folgenden Worten: „Meine persönliche Ueberzeugung ist, daß das Lied Luther's, welches in dem Stuttgarter Liederschatz anfängt:
„Erhalt uns Herr bei deinem Wort,
Und steure aller Feinde Mord —"
nothwendig in allen Gesangbüchern wieder lauten muß:
„Erhalt uns Herr bei deinem Wort,
Und steur des Papsts und Türken Mord."
„Auf der Eisenacher Conferenz, fährt derselbe Dr. Wackernagel mit einer unvergleichlichen Naivetät fort, ist nur Anstoß genommen worden an dem Worte Türk, nicht an dem Worte Papst." Kein Laut des Mißfallens, im Gegentheil Pastor Dr. Gefften und der Präsident der Versammlung Geh. Oberregierungsrath v. Bethmann=Hollweg sprachen dann dem Redner „einen Dank für seinen tiefen Vortrag aus und die Bitte, den ganzen Vortrag dem Druck in den Verhandlungen zu übergeben." Die Versammlung stimmt bei und damit schließt dieser evangelische Kirchentag. (Verhandl. S. 152 f.)

Ist das nicht schrecklich? Welche Trennung der Herzen unter uns Deutschen! „Babel muß fallen, die katholische Kirche eine höllische Ausgeburt, das System des Papstthums ist ein infernales und fordert Haß." Merkwürdig ist auch die Uebereinstimmung zwischen diesen Worten auf dem Kirchentag in Bremen und dem Kampfe gegen Rom in Italien. Ganz so wie diese Redner, spricht [in Italien Garibaldi; doch Garibaldi ist ein halber Bandit und hier sind es unsere deutschen Mitbrüder, die uns sagen: das System des Papstthums fordert Haß. Wir wollen sie wahrlich deßhalb nicht wieder hassen, aber weinen wollen wir über eine Spaltung, die noch nach dreihundert Jahren solche Wellen treibt.

die Stimmung der Seele. Die eine Sprache nützt uns nichts mehr, nachdem die Seelen sich so entfremdet sind. Der Vorwurf, der mir hier gemacht worden ist, ist ein neuer Beweis dieser Wahrheit. Die Thränen, die Leibnitz geweint hat über die Trennung der deutschen Brüder, sind ihm noch nicht zum Vorwurf gemacht worden; und wir Alle, die wir zum deutschen Volke gehören, sollten uns mit diesen Thränen vereinigen, so lange wir leben. Aber Herr Dr. Bunsen und Herr Prälat Dr. Zimmermann wollen das nicht dulden; wir dürfen nicht weinen über die Trennung; wir dürfen unserm Schmerze keinen Ausdruck geben; das ist ein Vorwurf gegen die Reformation; das ist eine Beleidigung des deutschen Volkes; das ist eine Beschimpfung des Vaterlandes, das uns geboren hat.

Es bleibt mir jetzt noch übrig, die Deutung, die meine Worte durch Herrn Dr. Josias Bunsen und Herrn Dr. Zimmermann gefunden haben, durch Parallelstellen zu beleuchten, durch Urtheile, welche Männer, die Herr Dr. Josias Bunsen und Herr Prälat Dr. Zimmermann nicht ganz verwerfen können, über die Zustände nach der Glaubensspaltung gefällt haben. Indem ich diese Urtheile mittheile, verwahre ich mich gegen die Auffassung, als ob ich die Geständnisse Luther's alle wörtlich nehmen und behaupten wollte, daß darin ein ganz treues Bild der Zustände seiner Zeit enthalten sei. Ich trage der Heftigkeit seiner Ausdrucksweise volle Rechnung und glaube, daß er vielfach zu Uebertreibungen geneigt war. Die Stellen, welche ich anführen werde, haben daher lediglich den Zweck zu beweisen, wie überaus unbillig das Verfahren ist, mir die schwersten Vorwürfe über ein Urtheil zu machen, das viel schärfer von Protestanten selbst gefällt worden ist. Sie sollen beweisen, daß wenn Herr Dr. Josias Bunsen und Herr Prälat Dr. Zimmermann die Behauptung festhalten wollen, daß ich durch jene Worte das deutsche Volk beschimpft habe, sie nicht umhin können, anzuerkennen, daß dann Luther und viele Andere, ja Dr. Josias Bunsen selbst, das deutsche Volk weit mehr beschimpft haben.

Ich wähle nicht die stärksten Stellen aus den Werken Luther's über die sittlichen Zustände, die nach der Glaubensspaltung eingetreten waren, und folge in der Auswahl einem gründlichen Kenner der damaligen Zeit, dem Herrn Stiftspropst Döllinger, indem ich einen Abschnitt aus seinem Werke „die Reformation" (B. I. S. 306 ff.) hier mittheile, worin uns unter der Ueberschrift: „Luther's steigender Mißmuth" eine ganze Reihe von Aeußerungen Luther's gegen Ende seines Lebens mitgetheilt werden.

„In den letzten Lebensjahren Luther's nahm der Mißmuth, die düstere Stimmung bei ihm fortwährend zu; jene Zuversicht des Siegers, die ihn ehemals getragen und begeistert hatte, war nun von ihm gewichen, oder brach nur in einzelnen Momenten wieder hervor. Die Erfahrungen, die er über die Folgen seiner Lehre gemacht, hatten ihn zwar nicht milder gegen die Vertheidiger der alten Kirche gestimmt, vielmehr war er, wo möglich, noch leidenschaftlicher und bitterer gegen den Papst, Kirche, Theologen und Mönche geworden; als im Jahre 1539 die katholische Religion im Herzogthume Sachsen unterdrückt, und die lutherische eingeführt wurde, tadelte er es, daß man über fünfhundert Pfarrer, die alle giftige Papisten seien, nicht sogleich abgeschafft und fortgejagt habe [1]). Der Wunsch, daß seine Lehre weit verbreitet werden möchte, war nun über alle seine Hoffnungen in Erfüllung gegangen, und die seltene Befriedigung war ihm zu Theil geworden, daß mehrere Millionen Menschen sich zu seiner Lehre bekannten. Ganze Königreiche, wie Dänemark und Schweden, waren nun lutherisch, und im Jahre 1539 wurde diese Lehre auf einmal in zwei der wichtigsten deutschen Länder, in der Mark Brandenburg und im Herzogthume Sachsen eingeführt. Aber alles dies war nicht im Stande, seinen Mißmuth und tiefen Verdruß zu zerstreuen. Sein Trost, mit dem er sich jetzt einigermaßen zu beruhigen suchte, war der Wahn, den er mühsam sich und Anderen einzureden suchte, es sei dies das letzte Alter der Welt, in dem der alten Weissagung gemäß alle Sünden und Laster auf's Höchste steigen müßten; die zweite Ankunft Christi zum Weltgericht und das Ende aller Dinge stehe ganz nahe bevor, und er selber werde es wohl noch erleben. An diesem Wahne hielt er fest, denn unter dieser Voraussetzung meinte er nicht zugeben zu müssen, daß seine Lehre es sei, welche die Schuld der allgemeinen Verschlechterung trage."

„Was sollen wir — schreibt er im Jahre 1542 [2]) — denn gegen den Türken beten, Gott anrufen, das Volk lehren, da inzwischen die, welche evangelisch sein wollen, durch Geiz, unrechtmäßiges Zusammenscharren und Kirchenraub in aller Sicherheit den Zorn Gottes herausfordern? Das Volk läßt uns lehren, beten, leiden, und häuft indessen Sünden auf Sünden.

Wer sollte nicht endlich müde werden beim Anblicke der schrecklichen Exempel dieses Weltlaufes, wenn man es noch eine Welt, und nicht den Abgrund aller Uebel selbst nennen muß, mit welchen jene Sodomiten unsere Seele und unser Auge Tag und Nacht quälen [3])!

---
1) Schreiben an den Churfürsten Johann Friedrich in Luther's Briefen, gesammelt von de Wette. V. 204.
2) Epp. ed. Ranner. p. 304.
3) Luther's Briefe gesammelt von Schütz. I. 234.

Sie wüthen fort ohne Aufhören, und werden von Tag zu Tag schlechter, was uns den großen Trost gibt, daß der Tag der glorreichen Ankunft des Herrn nahe sei. Denn jene unsägliche Verachtung des Wortes und die unaussprechlichen Seufzer der Frommen zeigen an, daß die Welt aufgegeben sei, und daß sich nahe der Tag ihres Verderbnisses und unseres Heiles. Amen. Es geschehe so, Amen. So war die Welt vor der Sündfluth, so vor dem Untergange Sodoma's, so vor der babylonischen Gefangenschaft, so vor der Zerstörung Jerusalems, so vor der Verwüstung Roms, so vor dem Unglücke Griechenlands und Ungarns, so wird sie sein und ist sie vor dem Sturze Deutschlands [1]).

Der Herr sei bei uns! Allenthalben wüthet Zügellosigkeit und frecher Muthwille unter dem Volke. Das ist aber die Schuld der Obrigkeit, die sich um nichts kümmert, als um Einsammlung der Steuern, und die Regierungen sind Zinshäuser und Zollbuden geworden [2]).

Nachdem die Welt des Wortes Gottes satt und wunderbar überdrüssig geworden ist, werden sich weniger falsche Propheten erheben. Denn wozu sollten diejenigen Ketzereien anrichten, welche das Wort auf epikureische Weise verachten? Deutschland ist gewesen, und wird nie mehr sein, was es war. — So groß ist die wahnsinnige Zuversicht und Sicherheit Deutschlands in seinem Untergange [3]).

Es ist die Welt gar rege worden, nachdem das Wort des Evangeliums offenbart ist, sie knackt sehr; ich hoffe, sie werde bald brechen und in einen Haufen fallen durch den jüngsten Tag, auf den wir mit Sehnen warten. Denn alle Laster, Sünde und Schande sind nun so gemein geworden und in Brauch kommen, daß sie nicht mehr für Sünde und Schande gehalten werden [4])."

„Wie tief mußte der Kummer und Gram über den Erfolg seiner Lehre in das Gemüth dieses starken Mannes eingeschnitten haben, wenn er an einen Mann, mit dem er nicht einmal in besonders vertraulichen Verhältnissen stand, an den Prediger Mantel, im Jahre 1539 schreiben konnte: „Viel nöthiger wäre ein Brieflein von euch an mich geschrieben, dadurch mein Geist erquickt würde, der ich nicht allein mit Loth, euch und anderen frommen Christen gequält, geplagt und gemartert werde in diesem greulichen Sodoma [5]) durch schändlichen Undank und schreckliche Verachtung des Wortes unseres

---

1) Epp. ed. Ranner. p. 325.
2) Briefe, gesammelt von Schütz. I. 257.
3) Briefe, gesammelt von de Wette. V. 451.
4) Tischreden. Walch. XXII. 308.
5) So schreibt er auch in einem, Ende Juli 1545 geschriebenen Briefe, also kurz vor seinem Tode, seiner Frau: „Nur weg aus diesem Sodoma! — Ich will umherschweifen und eher das Bettelbrod essen, ehe ich meine armen, alten, letzten Tage mit dem unordigen Wesen zu Wittenberg martern und verunruhigen will, mit Verlust meiner sauren, theuern Arbeit." (Luther's Werke, gesammelt von de Wette V. 753.)

lieben Heilands, wenn ich sehe, daß der Satan so gewaltiglich einnimmt und besitzt derer Herzen, die sich dünken lassen, sie wollen die ersten und fürnehmsten sein im Reiche Christi und Gottes, sondern werde auch überdas mit inwendigen Aengsten und Trübsalen angefochten und geplagt[1]."

In seinen Schriften aus dieser Zeit herrscht derselbe Ton:

"Ausgenommen gar Wenig die es mit Ernst meinen und dankbarlich annehmen, so ist der andere Haufe so undankbar, so muthwillig, so frech und leben nicht anders, denn als hätte Gott sein Wort darum uns gegeben, und vom Papstthum sammt seinem teuflischen Gefängniß erlöset, daß wir möchten frei thun und lassen, was uns gelüstet, und also sein Wort nicht zu seinen Ehren und unserer Seligkeit, sondern zu unserm Muthwillen dienen müßte [2]).

Also wird sich's finden am Ende, daß die, so da sollten rechte Christen sein, weil sie das Evangelium gehört, die sind viel ärger und unbarmherziger worden, weder zuvor, wie man jetzt solches sieht für Augen allzu stark erfüllet. Zuvor, wo man sollte unter des Papstes Verführungen und falschen Gottesdiensten gute Werke thun, da war Jedermann bereit und willig, jetzt hat dagegen alle Welt nichts anderes gelernt, dann nur schätzen, schinden und öffentlich rauben und stehlen durch Lügen, Trügen, Wuchern, Uebertheuern, Uebersetzen, und Jedermann mit seinem Nächsten handelt, als halte er ihn nicht für seinen Freund (vielweniger für seinen Bruder in Christo), sondern als seinen mördlichen Feind, und nur allein gern Alles wollte zu sich reißen, und keinem Andern nichts gönnet. Das geht täglich und nimmt ohne Unterlaß überhand, und ist der gemeinste Brauch und Sitte in allen Ständen, unter Fürsten, Adel, Bürgern, Bauern, in allen Höfen, Städten, Dörfern, ja schier in allen Häusern. Sage mir, welche Stadt ist so stark oder so fromm, die da jetzt möchte so viel zusammenbringen, daß sie einen Schulmeister oder Pfarrherrn ernährte? Ja, wenn wir's nicht zuvor hätten aus unserer Vorfahren milden Almosen und Stiftungen, so wäre der Bürger halben in Städten, des Adels und Bauern auf dem Lande das Evangelium längst getilgt, und würde nicht Ein armer Prediger gespeist oder getränkt. Denn wir wollen's auch nicht thun, sondern nehmen und rauben dazu mit Gewalt, was Andere hiezu gegeben und gestiftet haben u. s. w. [3]).

Ach, es wäre kein Wunder, daß Deutschland längst wäre zu Grunde gegangen, oder von Türken und Tartaren zu Grunde verderbt wäre über solcher höllischer, verdammlicher Vergessenheit und Verachtung der großen Gnade, ja Wunder ist es, daß uns noch die Erde trägt, und die Sonne noch leuchtet, so doch für unserer Undankbarkeit billig der ganze Himmel sollte schwitzen, und die Erde versalzen werden, wie Sodom und Gomorrha worden sind, und nicht ein Läublein oder Gräslein mehr tragen, und Alles sich umkehren, wo nicht Gott der wenig frommen Christen, die er noch weiß und kennt, daran schonte und noch aufhielte [4]).

---

1) Briefe v. de Wette. V. 223.
2) Wider den Türken. Walch. XX. 2742.
3) Kirchenpostille. Walch. XI. 2521.
4) Kirchenpostille. Walch. XII. 1238.

Da erstlich das Evangelium bei uns aufging, war die Zeit noch erträglich genug, weil aber jetzund fast keine Gottesfurcht mehr ist, und sich Schande und Laster täglich mehren, also, daß auch falsche Lehren dazukommen, hat man sich nichts gewisseres zu versehen, dann daß es dahin kommen wird, daß, nachdem unsere Sünden reif geworden sind, entweder die Welt gar über einen Haufen gehen, oder auf andere Gelegenheit Deutschland wird gestraft werden [1]).

Ferner beweine ich auch den Ekel, welchen das gemeine Volk an dem Evangelio hat, als welches sich um die Religion nicht bekümmert; das Lehr- und Predigtamt nicht suchet zu erhalten, sich vor dem erschrecklichen Zorne Gottes nicht fürchtet, sein Leben und Wandel nicht bessert. — Weil sie von den Banden und Stricken des Papstthums sich los und ledig fühlen, wollen sie auch des Evangelii und aller Gottes Gebote ledig und los sein, und soll nun forthin gut und recht sein, was sie gelüstet und gut dünkt [2]).

Es lasset sich mit unserem Deutschland fast auch ansehen, daß es nach dem großen Licht des Evangelii schier gar vom Teufel besessen sei. Die Jugend ist frech und wild und will sich nicht ziehen lassen; die Alten sind mit Geiz, Wucher und mit vielen anderen Sünden, die nicht zu sagen sind, behaftet. Also danken wir Gott für das Wort der Gnaden [3]).

Fragest du aber, was Gutes aus unserer Lehre folge oder gekommen sei, so antworte mir erst darauf, was Gutes gefolgt sei aus der Predigt Loth's, die er zu Sodom gethan hat? nämlich, daß sie das Feuer, so vom Himmel fiel, verzehrte und verschlang, da sie das Wort ohne Frucht und vergeblich gehört hatten. Eine solche Strafe wird zu seiner Zeit unsere Verächter auch treffen, und sehen wir, daß sie von Tag zu Tag immer je mehr verblendet und unsinniger werden. — Dieweil jetzt die Undankbarkeit und Bosheit der Bürger und Bauern und sonst anderer Leute in allerlei Ständen so gar groß ist, kommen wir auch oftmals in solche Gedanken, daß wir es dafür halten, die ganze Welt müsse vom Teufel gar besessen sein [4]).

Die Bauern sind nun durch das Evangelium zaumlos worden, daß sie meinen, sie mögen thun, was sie gelüstet. Fürchten sich, noch erschrecken vor keiner Hölle noch Fegfeuer, sondern sagen: „Ich glaube, darum werde ich selig;" werden stolze, trotzige Mammonisten und verfluchte Geizhälse, die Land und Leute aussaugen [5]) . . .

Der jüngste Tag, hoffe ich, ob Gott will, soll nicht mehr lange ausbleiben, denn Geiz und Wucher gehen mit aller Gewalt, und diese Sünden sind nicht mehr Laster [6]).

Die ganze Welt ist nichts anderes, denn ein umgekehrter Dekalog, da die zehn Gebote Gottes nur umgekehrt sind; ist doch eitel Verachtung Gottes

---

1) Ausleg. b. I. B. Mos. Walch. I. 382.
2) Ausleg. b. Ev. Johannes. Walch. XIV. 164 u. 195.
3) Ausleg. b. I. B. Mos. Walch. I. 2451.
4) Ebend. 2009. 2014.
5) Tischreden. Walch. XXII. 812.
6) Tischreden. Eislebische Ausg. f. 497.

Wortes und der treuen Diener, eitel Gotteslästerung, eitel Ungehorsam, Unzucht, Hoffart, Dieberei, sie wird schier reif zur Schlachtbank; so feiert der Satan auch nicht durch den Türken, Papst, Rottengeister, Tyrannen 2c. 1)."

Wir wollen von diesen heftigen Ergüssen Luther's übergehen zu einem der gemäßigsten ruhigsten Beurtheiler der Geschichte aus unseren Tagen, zu Karl Adolph Menzel, und hören, was er uns in seiner „Geschichte der Deutschen" über die sittlichen Zustände hundert Jahre nach der Reformation sagt.

„Aber wenn das kirchliche Leben der Nation gegen den Ablauf eines Jahrhunderts, das mit so heitern Aussichten begonnen hatte, in düstere Nebel gehüllt war, so gewährt die Barbarei ihres sittlichen Zustandes und ihrer bürgerlichen Gesetze einen noch trüberen Anblick. Luther selbst hatte mehrfach die Klage geführt, daß durch die Verbesserung des Glaubens die Sinnesart seiner Anhänger nicht verbessert worden sei, ja im edlen Unwillen über die Laster und Thorheiten, von denen er sich umgeben sah, hatte er sich zu der Behauptung fortreißen lassen, daß seit der Verkündigung der gereinigten Lehre die Welt viel schlimmer geworden. Später hat ein Geschichtschreiber, der selbst evangelischer Geistlicher war, von dem Sittenverderbnisse unter den Protestanten, besonders in der zweiten Hälfte des sechzehnten Jahrhunderts, Züge zu einem Bilde gesammelt, welches Entsetzen erregt.[2]) Eine mildere Beurtheilung legt an die dem Unmuth entflossenen Klagen des Reformators, wie an die von dem mühsamen Fleiße eines wohlmeinenden, aber eingenommenen Geschichtschreibers zusammengehäuften Beispiele und Zeugnisse von Fehlern, Mißbräuchen, Ausschweifungen und Lastern, die unter den Predigern und Bekennern der evangelischen Kirche sich gezeigt haben, keinen andern Maßstab, als an die Erscheinungen ähnlicher, nur in großartigern Formen und Verhältnissen hervorgetretenen Verderbniß in der Römischen Kirche; die einzelnen Kirchenthümer haben so wenig, als die christliche Kirche selbst, die Sündhaftigkeit der menschlichen Natur zu überwältigen vermocht, und in jedem derselben hat diese Sündhaftigkeit eigenthümliche Wege eingeschlagen. Das aber muß zugegeben werden, daß der ausschließende Werth, welcher im Protestantismus der Reinigkeit des Glaubens beigelegt ward, nicht ohne Einfluß auf die Denkungsart seiner Bekenner blieb. Indem die Mehrzahl derselben den Glauben am Ende doch in das Fürwahrhalten des von den Reformatoren vorgetragenen Systems der Glaubenslehren setzte, hielten sie sich durch die Anstrengung, dieses System dem Gedächtnisse einzuprägen, und die etwa vom Verstande dagegen erhobenen Einwendungen sofort als ruchlose Eingebungen des bösen Feindes zurück zu weisen, der Pflicht überhoben, die von der Religion gebotenen Tugenden zu üben. Die aufrichtigsten Freunde des protestantischen Lehrbegriffs haben eingeräumt und der Wittenbergische

---

1) Tischreden. Eislebische Ausg. f. 603.
2) Johann Gottfried Arnold in der Kirchen= und Ketzergeschichte. Th. II. Buch XVII. Kap. XIII.

Geschichtschreiber der christlichen Kirche hat es unumwunden ausgesprochen, daß Luthers wiederholter Widerspruch gegen das Verdienst der guten Werke nicht wenig dazu beitrug, viele seiner Verehrer sorgloser für ihre Besserung zu machen. „Hatten sie doch den wahren, allein seligmachenden Glauben, und waren sie doch entschlossen, so weit ihre Macht reichte, die Alleinherrschaft desselben mit Gewalt zu behaupten[1]." Auch die lange Reihe theologischer Streitigkeiten und die mit denselben verbundenen Verketzerungen und Verfolgungen, brachten eine Härte in die Gemüther, der die Lehre, welche den Glauben über die Liebe stellte, und der letztern kaum einen Platz im christlichen Bewußtsein vergönnte, recht eigentlich zusagte, und den Gefühlen der Menschheit und Menschlichkeit mehr und mehr den Zugang verschloß.[2]

Aber selbst der Herr Dr. Josias Bunsen hat uns ein Urtheil über die Jahrhunderte nach der Kirchenspaltung hinterlassen, und noch obendrein in seinen „Zeichen der Zeit," das ihn ganz und gar zu meinem Complicen macht, wenn ich durch jene Worte das deutsche Volk beschimpft habe. Er sagt:

„So sprachen allerdings nicht (nämlich wie der milde Robert Barclay) die orthodoxen lutheranischen Geistlichen Deutschlands im siebzehnten und schon im sechszehnten Jahrhundert, welche die eigenen protestantischen Brüder mordeten, in vieljähriges Gefängniß warfen, ja hinrichten ließen, und in den Opfern der Bartholomäusnacht keine Märtyrer, sondern nur gezüchtigte Rebellen sahen. Es ist gerade dieser „theologische Haß," von welchem befreit zu werden, Melanchthon sein Scheiden leicht machte, welchen Männer, wie Spener, und ebenso die besten und edelsten Männer der Wissenschaft des angehenden achtzehnten Jahrhunderts, von Leibnitz bis auf Thomasius, bekämpften. Sie waren ebenso sehr bestrebt, den in kleinlichen Verhältnissen fast untergegangenen deutschen Geist[3] von diesem Fluche zu erlösen, wie von dem Wahnsinne und dem Frevel der Hexenprocesse. Von ihm nach Kräften

---

1) Joh. Matth. Schröth's christliche Kirchengeschichte seit der Reformation. Vierter Theil. S. 390 und 391.

2) Bd. V. S. 127 ff.

3) Man vergleiche hiermit die Worte desselben Dr. Bunsen Bd. I. S. 36.: „In diesen drei Jahrhunderten nun hat (nach dem Urtheil wenigstens derer, welche ihr Gewissen und ihre Augen nicht unter der Peterskuppel in der Gruft der Apostel gelassen haben,) deutscher Geist, deutsche Aufrichtigkeit, deutsche Treue und deutscher Gedanke die Welt mehr als einmal erleuchtet und gerettet." Das sind freilich große Thaten für einen „fast untergegangenen Geist!"

die Völker befreit zu haben, ist das unsterbliche Verdienst Friedrich's des Großen, wie Joseph's des Zweiten, und beider Räthe¹)."

Herr Dr. Josias Bunsen wirft also den orthodoxen lutheranischen Geistlichen in den Jahrhunderten nach der Kirchenspaltung einen „theologischen Haß" vor, gegen welchen vereinzelte Männer vergeblich kämpften, bis endlich Friedrich der Große, wie Joseph der Zweite dieses Werk vollbrachte; und zugleich behauptet er, daß zu jener Zeit in den kleinlichen Verhältnissen der damaligen Zeit der deutsche Geist fast untergegangen sei. Ich hätte hier, wenn ich mich einer ähnlichen Verdrehung des natürlichen Sinnes schuldig machen wollte, eine herrliche Gelegenheit, mit Emphase die Worte auszurufen, die Herr Dr. Josias Bunsen mir zuruft: „Empfand denn aber der preußische wirkliche Herr Geheimerath nicht einen Schauder, als er diesem seinem Volke, seiner Heimath, seiner Mutter nicht nur Gewissen und Ehre, sondern sogar den Geist absprach?"

Doch ich will diesen Punkt hier abschließen. Ich könnte ja noch zahllose Werke anführen, wo sich deutsche Männer, die ihr Vaterland liebten, mit den Thränen Leibnitzens vereint haben, um über die Wirkungen der Glaubensspaltung zu klagen.

Es genügt aber das Gesagte über und über, um die Frage zu beantworten, ob Herr Dr. Josias Bunsen und Herr Prälat Dr. Zimmermann die offenbarste Unwahrheit gesprochen, als sie mir vorwarfen, ich hätte in meinem Hirtenbriefe vom Jahre 1855 behauptet, es sei dem deutschen Volke in Folge der Reformation die Treue und das Gewissen abhanden gekommen. Ich habe das nie und nimmer gesagt, und die Behauptung, ich hätte es gesagt, ist deßhalb eine offenbare Unwahrheit. Daß Dr. Josias Bunsen, von dem, nach den oben angegebenen Aeußerungen des Geheimerathes Eilers, die hohen Staatsbeamten in Berlin glaubten, daß sein Herz von Haß gegen die katholische Kirche erfüllt sei, meine Worte so verstanden hat, ist sehr erklärlich. Wie aber der Herr Prälat Dr. Zimmermann dazu gekommen ist, sich dessen Erklärung anzuschließen, müssen wir dahingestellt sein lassen.

---

1) Zeichen der Zeit. II. S. 97 f.

IV.
Zweite Frage.

Ist es wahr oder unwahr, was die Adresse, welche Herr Prälat Dr. Zimmermann im Auftrage der evangelischen Geistlichkeit dem Großherzog überreicht hat, ferner behauptet: „Schon seit einer Reihe von Jahren haben wir eine Menge von Verunglimpfungen und Herabwürdigungen unseres evangelischen Glaubens erfahren müssen, welche in der katholischen Presse, insbesondere selbst in Hirtenbriefen des Bischofs von Mainz stattgefunden haben."

Ich lasse, wie ich bereits in meinem Schreiben an den Herrn Prälaten bemerkt habe, die Behauptung bezüglich der katholischen Presse, die aber überdies durch nichts näher begründet ist, auf sich beruhen, da die Redactionen dieser Blätter gänzlich unabhängig von mir sind und ich für sie keine Verantwortung habe.

Um so wichtiger ist für mich der Vorwurf, welcher mir gemacht wird, und in dieser Hinsicht trage ich allein die Verantwortung. Ich habe deßhalb den Herrn Prälaten gebeten, wie aus dem oben mitgetheilten Schreiben erhellt, diese Behauptung, welche ich für ebenso unwahr, als die im vorigen Abschnitt behandelte, erkläre, entweder öffentlich zurückzunehmen oder mir aus der „Reihe von Jahren" die Hirtenbriefe zu bezeichnen und in denselben die Stellen, in welchen er „eine Menge von Verunglimpfungen und Herabwürdigungen des evangelischen Glaubens" nachweisen könne.

Die Antwort des Herrn Prälaten hierauf liegt gleichfalls vor. Er hat seine Anklage aufrecht erhalten unter Zustimmung seiner beiden Herren Mitsuperintendenten und die betreffenden Hirtenbriefe nebst den bezüglichen Stellen bezeichnet, auf welche er seine Anklage gründet. Ich werde dem Herrn Prälaten Schritt für Schritt folgen und lege die Entscheidung in die Hand aller gerechten christlichen Leser ohne Unterschied ihrer Confession. Ich bitte dabei immer im Auge zu behalten, daß es sich hier nicht um eine Privatanklage, sondern um eine Anklage vor der höchsten Stelle des Landes handelt, und nicht um eine Anklage, die von Privatpersonen erhoben wurde, sondern von den Repräsentanten der evangelischen Landeskirche, den drei Superintendenten des Landes gegen „das Oberhaupt der katholischen Kirche Hessens." Ich fordere daher meine christlichen Leser auf, unparteiisch zu entscheiden, ob meine Herren Gegner in meinen Hirtenbriefen auch nur das Mindeste nachgewiesen haben, was man mit irgend einem Scheine eine Verunglimpfung und Herabwürdigung des evangelischen Glaubens nennen könnte, oder ob sie nicht vielmehr eine gänzlich nichtige und unwahre, eine durch und durch frivole Beschwerde über mich erhoben haben.

Schon das ist gewiß auffallend, daß der Herr Prälat in seinem Antwortschreiben zum Beweise für seine Behauptung, außer dem Hirtenbriefe von 1855 beim Bonifaciusfeste, nur noch zwei Hirtenbriefe anführt. Er spricht in der Adresse von „einer Reihe von Jahren," von „einer Menge von Verunglimpfungen." Ich bin schon bald achtzehn Jahre Bischof und habe eine sehr große Anzahl von Hirtenbriefen seitdem erlassen. Da ich nun annehmen muß, daß der Herr Prälat, weil er verpflichtet ist, seine Anklage zu beweisen, mir jedenfalls die Hauptbeweise genannt hat, und da ferner der Herr Prälat doch nur zwei (beziehungsweise drei) Hirtenbriefe genannt hat, so hätte sich derselbe jedenfalls richtiger ausgedrückt, wenn er in seiner Adresse statt der „Reihe von Jahren" und der „Menge von Verunglimpfungen" sich eines gemesseneren Ausdruckes bedient hätte. Von „einigen Hirtenbriefen" zu sprechen, wäre dann wohl richtiger gewesen. Jede Uebertreibung in einem solchen Documente ist schon tadelnswerth und beweist Leidenschaftlichkeit.

Doch das ist Nebensache. Gehen wir jetzt zur Hauptsache über, zu den Beweisstellen selbst, welche meine „Verunglimpfungen und Herabwürdigungen des evangelischen Glaubens" nachweisen sollen. Wenn ich schon, nach der Anklage über die jahrelange und vielfältige Verunglimpfung, überrascht war, daß es nur möglich gewesen, zwei oder drei Hirtenbriefe zu nennen, so gestehe ich gerne, daß ich noch mehr durch die Beweisstellen selbst überrascht worden bin. Ich habe sie wiederholt gelesen und mich immer wieder und wieder gefragt: Ist es denn in der That möglich, daß die Repräsentanten der evangelischen Landeskirche gegen den katholischen Bischof der Diöcese auf Grund solcher Sätze eine solche Anklage öffentlich und zwar vor dem Landesherrn erheben? Doch ich will dem Urtheile nicht vorgreifen und gehe zur Prüfung der Wahrheit jener Beschuldigung selbst über. Ich werde zuerst nach einander die Stellen aus dem Schreiben des Herrn Prälaten Dr. Zimmermann wiederholen und meine Bemerkungen unmittelbar anschließen. Die Leser können dann genau unsere Gedanken verfolgen und abwägen und vergleichen, auf welcher Seite die Wahrheit liegt. Ich fordere sie zu der schärfsten Prüfung bringend auf.

Hirtenbrief vom Jahre 1863.

„Wenn es pag. 13. heißt: „Ich liebe die Kirche, denn sie „ist allgemein oder katholisch. Sie ist jene Kirche, welche „die Christen nennen, wenn sie beten: ich glaube an eine „heilige katholische (d. i. allgemeine) Kirche. Es ist un„möglich darüber zweifelhaft zu sein, welche jene Kirche ist, „welcher allein der Name katholisch gebührt,"

so erklärt damit der Hirtenbrief, daß die Evangelischen nicht nach dem dritten Artikel bekennen dürfen: „Ich glaube eine heilige christliche Kirche;" und wenn sie es bekennen, so ist nach der Behauptung Ew. Hochwürden ihr Bekenntniß ein ungiltiges und falsches. Das heißt aber nichts Anderes, als die evangelische Kirche verunglimpfen[1]."

---

[1] Diese Schlußfolgerung ist durchaus unrichtig. Alle Christen beten noch: Ich glaube an eine heilige katholische Kirche ꝛc. das ist noch ein überaus werthvolles Zeugniß ihres gemeinschaftlichen Glaubens, daß Christus eine allgemeine Kirche gestiftet hat. Dieser Glaube an die Stiftung einer allgemeinen Kirche ist wahr und alle Christen können ihn selbst dann mit voller Wahrheit bekennen, wenn sie über die weitere Frage uneinig sind, welche unter den bestehenden Confessionen die von Christus gestiftete Kirche sei. Ihr Bekenntniß ist dadurch nicht „ungiltig und falsch," sondern höchstens mit einem Irrthum vermischt; ebensowenig wie der Glaube eines Menschen an Gott und Christus deßhalb ein schlechthin „ungiltiger und falscher" wäre, wenn ihm noch irrige Vorstellungen anklebten. Die Beleidigung liegt also wieder nur in einer mißliebigen Deutung des Herrn Prälaten.

„Wenn es weiter heißt eod.: „Dieser Name ist aus dem „Worte Jesu hervorgegangen: Gehet hin in alle Welt und „lehret alle Völker; ich bin bei euch alle Tage bis an das „Ende der Welt. Es gibt nur eine Kirche, in der diese „Worte in voller Wahrheit erfüllt sind," so gehen nach dieser Behauptung diese Heilandsworte die Evangelischen nichts an; für die Diener der evangelischen Kirche gilt der Befehl Christi nicht. Und ist es so, dann sind wir Evangelische keine Christen, keine Bekenner Jesu. Das aber heißt nichts Anderes, als die evangelische Kirche, die sich allein auf Christum stellt, verunglimpfen [1])."

„Wenn es eod. weiter heißt: „Nur die katholische Kirche „sendet ihre Sendboten ohne Unterlaß in alle Theile der „Welt," was sind dann die Missionare, welche die evangelische Kirche ohne Unterlaß in alle Theile der Welt sendet? Die Behauptung des Hirtenbriefes ist eine Verunglimpfung des evangelischen Missionswerkes [2])."

„Wenn es weiter heißt: „Nur die katholische Kirche hat „eine Dauer alle Tage von Christus bis heute, ohne an= „deren Beginn und Anfang, als in und mit Christus,"

---

[1]) Auch hier fehlt jeder logische Zusammenhang in der Schlußfolgerung. Aus meinen Worten folgt nur, daß die Sendung Christi sich „in voller Wahrheit" nur in der katholischen Kirche erfüllt hat und indirect folgt also, daß sie sich nicht ebenso in einer andern Kirche erfüllt haben kann. Es folgt aber in keiner Weise, daß diese Worte die Evangelischen nichts angehen und noch viel weniger, daß deßhalb die Evangelischen keine Christen, keine Bekenner Jesu sind. Wie konnte mir so etwas nur einfallen, da wir ja glauben, daß sie durch die giltig gespendete Taufe Glieder der wahren Kirche Christi geworden sind. So überaus willkürlich und ohne allen innern Gedankenzusammenhang verfährt der Herr Prälat. In solcher Weise kann man aus jedem Worte eines Geg= ners alles herausdeuten, was man will.

[2]) Wenn ich selbst geirrt hätte, indem ich sagte, nur die katholische Kirche sende ohne Unterlaß ihre Missionäre zu allen Heidenvölkern, so wäre das ein Irrthum, aber keine Verunglimpfung des evangelischen Missions= werkes. Uebrigens ist es eine weltgeschichtliche Thatsache, daß bis in die zweite Hälfte des vorigen Jahrhunderts es fast keine Missionen der evangeli= schen Confessionen gab.

so behaupten wir Evangelische geradezu entgegengesetzt mit aller Wahrheit und können es beweisen: nicht die katholische, sondern die evangelische Kirche hat eine Dauer alle Tage von Christus bis heute ohne anderen Beginn und Anfang als in und mit Christus. Sie ist keine im Zeitalter der Reformation neu entstandene, sondern die erneuerte wiederhergestellte Kirche, wie sie auf Christi Befehl die Apostel gegründet haben, sie ist die apostolische Kirche, die nichts will, als Christum allein, sie hat Alles, was sich nicht auf Christum zurückführen läßt, verworfen [1]."

In allen diesen Sätzen, welche hier angeführt worden sind, ist es, abgesehen von allen logischen Unrichtigkeiten und Willkürlichkeiten, die ich in den Noten hervorgehoben habe, hauptsächlich ein großes Princip, welches offenbar den Anstoß erregt hat, nämlich die a u s s c h l i e ß l i c h e Anwendung der Stellen des Glaubensbekenntnisses und der heiligen Schrift auf die katholische Kirche, oder mit anderen Worten, die Behauptung, daß die katholische Kirche a l l e i n die wahre Kirche Christi sei mit Ausschluß aller anderen christlichen Confessionen. Diese liegt nun allerdings in jenen Stellen, wenn auch in der mildesten Form, und darin findet der Herr Prälat ohne Zweifel die „Verunglimpfung und Herabwürdigung des evangelischen Glaubens." Der Gedanke ist der: Wenn der Bischof sagt, daß seine Kirche die allein wahre sei, so sagt er damit, daß unsere nicht die wahre Kirche Christi sei; also beschimpft, verunglimpft er unsere Kirche und würdigt sie herab. Das ist die Frage in der einfachsten Form. Ich denke, der Herr Prälat wird gegen die Formulirung derselben und ihre Einfachheit nichts zu erinnern finden.

Gegen dieses „Also" habe ich aber die ernstesten Einwendungen, und ich protestire dagegen im Namen der Vernunft und

---

[1] Hier ist wenigstens von Herabwürdigung der evangelischen Kirche keine Rede und so könnte ich über diesen Passus hinweggehen und den Werth der hier vorgetragenen Behauptungen auf sich beruhen lassen. Im Vorübergehen will ich nur auf die eigenthümliche Logik des Herr Prälaten hinweisen, indem er hier genau das thut, was er mir zum Vorwurf machte, und der protestantischen Kirche ein wesentliches Kennzeichen der wahren Kirche Christi beilegt, während er es der katholischen Kirche ausdrücklich abspricht.

im Namen des christlichen Glaubens. Ich will meine Gründe kurz hintereinander aussprechen.

1) Ich habe in den citirten Sätzen aus meinem Hirtenbriefe einfach die Lehre der katholischen Kirche ausgesprochen. Das kann nicht bestritten werden. Jener Grundsatz ist ein Hauptlehrsatz der katholischen Kirche, den sie nicht nur in den Zeiten vor der Reformation, sondern auch von dort an bis heute bekannt hat, und nach allen Reichs= und Landesgesetzen, welche ihr bis zum betreffenden Paragraphen unserer Verfassung ihre Existenz als katholische Kirche gewährleisten, bekennen darf. Wenn daher die Ansicht des Herrn Prälaten Dr. Zimmermann begründet wäre, so würde daraus folgen, daß fortan in Deutschland der katholische Glaube nicht mehr von einem katholischen Bischof gelehrt werden dürfe, daß jede Verkündigung desselben eine „Verunglimpfung und Herabwürdigung des evangelischen Glaubens" sei, was doch schon an sich eine höchst unzulässige Auffassung ist.

2) Der Satz, der diese Verunglimpfung enthalten soll, ist aber nicht nur ein Glaubenssatz der katholischen Kirche, sondern er ist auch in meinem Hirtenbriefe in der mildesten Form vorgetragen, weßhalb man nicht etwa sagen kann, das Verletzende liege nicht in der Sache, sondern in der Form. An sich gehört dieser Glaubenssatz zu den Controverslehren zwischen Katholiken und Protestanten. Ich habe ihn aber nicht in der Form einer Controverse behandelt, wobei leicht gegen die Liebe oder Billigkeit gefehlt werden kann, was ich grundsätzlich sowohl in meinen Predigten, wie auch in meinen bischöflichen Ausschreiben so viel wie möglich vermeide. Ich spreche daher in allen diesen Stellen absolut gar nicht von den andern Confessionen. Der Grundgedanke des ganzen Hirtenbriefes, worin diese Stellen vorkommen, ist die Beantwortung der Frage, die auf dem Titel steht: „Warum liebt der Katholik seine Kirche?" Die Antwort lautet durch den ganzen Hirtenbrief: Weil er sie für die Kirche hält, die Christus gestiftet hat. Ueber das hinaus kein Wort. Nie ist die Rede von den anderen Confessionen; kein Urtheil, keine Lieblosigkeit, gar nichts. Also den nackten Gedanken: Ich halte die Kirche, in der ich leben und sterben will, nach meiner Ueberzeugung allein für die Kirche, die Christus gestiftet hat, darf nach der Lehre des Herrn Prälaten Dr. Zimmermann von jetzt an in Deutschland

Niemand mehr aussprechen, ohne die Angehörigen anderer Confessionen herabzuwürdigen und zu verunglimpfen. Man darf also auch darüber eigentlich kein Urtheil mehr haben; man darf die Frage nicht mehr biscutiren, ob es eine Kirche gibt, die allein mit Recht behauptet, die Kirche Christi zu sein. Jedes derartige Nachdenken ist ja schon eine beginnende Herabwürdigung in der Wurzel, jede derartige öffentliche Discussion aber gar bereits das vollendete Verbrechen der Herabwürdigung aller jener Confessionen, die auch behaupten, die Kirche Christi zu sein. Die Rongeaner und Freigemeindler versichern mit großer Beharrlichkeit, daß sie allein die wahre Lehre Jesu hätten. Aehnliches sagen selbst moderne Pantheisten und Materialisten von ihren Lehren. Wenn sie Gemeinden gründen und staatliche Anerkennung haben, dürfen wir nach der Lehre des Herrn Prälaten Dr. Zimmermann nicht mehr sagen, daß unsere Kirche die allein wahre und damit ihre gänzlich falsch sei; auch gläubige Protestanten dürfen dies nicht mehr sagen; denn das wäre ja eine Verunglimpfung und Herabwürdigung. Das Alles ist keine Consequenzmacherei; das liegt mit logischer Nothwendigkeit in der Anschauungsweise des Herrn Dr. Zimmermann und seiner Herren Collegen, wenigstens insoweit, als sie in den angeführten Stellen mir den Vorwurf der Herabwürdigung des evangelischen Glaubens machen.

3) Jener Satz steht aber deßhalb, weil er ein einfacher Glaubenssatz der katholischen Kirche ist, nicht nur in meinem Hirtenbriefe, sondern in jedem katholischen Katechismus, und nicht nur in den katholischen Katechismen der Mainzer Diöcese, sondern, weil die Lehre der katholischen Kirche in der ganzen Welt eine und dieselbe ist, in allen katholischen Katechismen in allen Theilen der Welt. Er steht nicht nur in meinen Hirtenbriefen, sondern ebenso in den Hirtenbriefen aller katholischen Bischöfe, die über die Kirche sich verbreiten. Er steht in allen katholischen Lehrbüchern, und wo jemals das Lehrgebäude der katholischen Kirche von einer Lehrkanzel vorgetragen worden, ist er behauptet und bewiesen worden. Auch von allen katholischen Kanzeln aus wird er verkündet. Woher kommt es denn nun, daß man von dieser „Herabwürdigung und Verunglimpfung des evangelischen Glaubens" nicht aus allen Theilen der Welt die Kunde bekömmt, und wie kann sich Herr Prälat Dr. Zimmermann in dieser Adresse den

Anschein geben, als ob von meiner Seite Unbilligkeiten gegen seinen Glauben stattfänden und behauptet würden, die anderswo nicht stattfänden? Er hätte dann ehrlich eingestehen sollen, daß seine Klage nicht gerichtet sei gegen den Bischof von Mainz, sondern gegen die gesammte katholische Kirche, daß die Lehre der katholischen Kirche selbst eine Herabwürdigung des evangelischen Glaubens sei, und daß es folglich eine Aufgabe protestantischer Fürsten sei, die katholische Kirche überhaupt nicht mehr zu dulden. Dann, scheint mir, wäre in der Sache Klarheit und Wahrheit gewesen. Dann wäre aber freilich auch die ganze Absurdität dieses Standpunktes, den man gegen mich einnimmt, zu Tage getreten und viele Protestanten, denen es noch nie eingefallen ist, gegen den Glauben ihrer katholischen Mitbürger aus dem Gesichtspunkte einer Verunglimpfung Klage zu erheben, würden gegen diese Auffassung Protest erhoben haben. Nur wo solche Anschuldigungen in einem beschränkten Territorium unter Mitwirkung vieler Vorurtheile und nicht von einem unbefangenen Princip aus, sondern so kleinlich wie möglich in banalen Sentenzen und mit Hinsicht auf Persönlichkeiten erhoben werden, können sie Anklang finden. Außerhalb dieser engen geistigen Atmosphäre, wo krankhafte Dünste die Geister umnebeln und die Herzen beschädigt haben, würde man die Aufstellung derselben ihrer inneren Verkehrtheit wegen kaum begreifen.

4) Dieser Satz findet sich aber nicht nur in der katholischen Kirche, er findet sich fast ohne Ausnahme auch bei allen im Laufe der Jahrhunderte von der Kirche getrennten christlichen Confessionen bis auf die jüngste Zeit herab, wo die Union entstanden ist. Der Gedanke beherrschte ohne Ausnahme von Christus an die ganze Christenheit, daß es nur Eine wahre, von Christus gestiftete Kirche geben könne. Nicht nur die Kirchen des Orients, die sich von der Mutterkirche lossagten, nahmen ihn mit sich hinüber und machten ihn für sich geltend, sondern ganz so auch die durch die Reformation hervorgerufenen christlichen Confessionen. Die Lutheraner in ihrem Kampfe gegen die Reformirten und umgekehrt beide in ihrem Kampfe gegen die katholische Kirche behaupteten, **allein** die Kirche zu sein, die Christus gestiftet hatte, und haben dieses in ihren Glaubensbekenntnissen ausgesprochen. Wenn den alten Reformatoren eine solche indifferen-

tiftifche Lehre bezüglich der Kirche entgegengetreten wäre, wie sie heute von so vielen ihrer Söhne vorgetragen wird, so hätten sie sich gegen dieselbe mit der allergrößten Entschiedenheit erhoben. Dagegen ist der Gedanke, welcher der Auffassung des Herrn Prälaten Dr. Zimmermann zu Grunde liegt, ein ganz moderner, der im Laufe des vorigen Jahrhunderts in ganz wenigen Persönlichkeiten auftrat und erst in neuerer Zeit allgemeiner geworden ist, daß nämlich trotz aller Verschiedenheit der Lehre alle diese in ihren Principien so weit auseinander gehenden chriftlichen Confessionen doch nur eine und dieselbe chriftliche Kirche, gleichsam Ein Stamm mit vielen Zweigen seien. Wir dulden auch diese Ansicht, wie wir Irrthümer dulden. Wenn aber diese Ansicht jetzt als die allein berechtigte auftreten will; wenn sie jene altchriftliche, wonach es nur Eine wahre christliche Kirche geben kann, nicht mehr dulden will; wenn sie sogar soweit geht, den bescheidenften, mildeften Ausdruck dieser Lehre in einem Hirtenbriefe als „Herabwürdigung und Verunglimpfung des evangelischen Glaubens" vor dem ganzen Lande und vor der ganzen protestantischen Bevölkerung zu benunciren — so müssen wir gegen eine solche Geltendmachung einer modernen Tagesmeinung gegen die altchristliche Grundanschauung nicht nur im Namen aller katholischen Christen, sondern überhaupt im Namen aller gläubigen Christen, Katholiken wie Protestanten, die bis zum Auftauchen dieser modernen Tagesmeinung gelebt haben, auf das Entschiedenfte protestiren.

5) Aber nicht nur die ganze chriftliche Vergangenheit theilte den Grundsatz, daß es nur Eine chriftliche Kirche geben könne, mit der katholischen Kirche, sondern auch heute noch gibt es eine große Zahl von der katholischen Kirche getrennter Christen, welche für ihre chriftliche Gemeinschaft die Behauptung geltend machen, daß sie allein oder mit ihr die eine oder andere chriftliche Kirche, aber mit der entschiedensten Ausschließung aller anderen christlichen Confessionen, die wahre Kirche Christi sei.

Das behauptet die griechische Kirche mit derselben Entschiedenheit, wie die katholische Kirche. Das behauptet aber auch heute noch die protestantische Kirche Englands. In diesem Augenblicke findet dort eine große Bewegung ftatt, in welcher die Ansicht sich geltend macht, daß die katholische Kirche, die griechische Kirche und die anglikanische Kirche die drei allein berechtigten Zweige der Einen Kirche Christi seien, und die deßhalb die Wiedervereinigung dieser drei Zweige anstrebt. Die Vertreter dieser Richtung erkennen dagegen die evangelische Kirche Deutschlands in ihrer jetzigen Verfassung nicht als einen gleichberechtigten Theil der Kirche Christi an. Warum beschwert sich Herr Prälat Dr. Zimmermann nicht gegen seine Glaubensbrüder in England über Verunglimpfungen und Herabwürdigungen?

6) Die Kirche, welche Herr Prälat Dr. Zimmermann vertritt, nennt sich die evangelische Kirche. Was soll das heißen? Ohne Zweifel, daß diese Kirche mit den Lehren des Evangeliums am vollkommensten übereinstimme. Ich frage den Herrn Prälaten, ob die katholische Kirche mit demselben Rechte sich die evangelische Kirche nennen kann. Wenn er logisch richtig denken will, kann er das nicht zugeben; denn es bestehen ja zahlreiche Widersprüche zwischen der katholischen Kirche und der protestantischen, und beide können also nicht in demselben Maße mit dem Evangelium harmoniren. Wenn er es aber leugnet und folglich behauptet, daß die evangelische Kirche diesen Namen allein in vollem, oder wie er es wahrscheinlich eher behaupten wird, in dem höchsten in der jetzigen Entwickelungsperiode eingetretenen Maße besitze; so begeht ja der Herr Prälat nach seinem Standpunkte eine „Verunglimpfung und Herabwürdigung" der katholischen Kirche. Denn mit demselben Rechte, mit welchem mein Herr Gegner behauptet, daß die Lehre der katholischen Kirche, sie sei allein die wahre Kirche Christi, eine Herabwürdigung und Verunglimpfung enthalte; mit demselben Rechte kann ich offenbar dann auch behaupten, daß die Lehre der evangelischen Kirche, daß sie allein unter allen jetzt bestehenden christlichen Kirchen mit dem Evangelium vollkommen übereinstimme, eine Verunglimpfung und Herabwürdigung der katholichen Kirche sei. In dem „Lehrbuche der Religion und der Geschichte der christlichen Kirche, Darmstadt 1857, von Heinrich Palmer, Großh. Hess. Oberconsistorialrath," welches in den Gymnasien unseres Landes gebraucht wird, heißt es z. B. pag. 63: „Diese unsichtbare Kirche ist die wahre, heilige und allgemeine, und ihr Keim und Grund ist überall, wo man das Wort Gottes lauter predigt und die Sacramente nach Christi Einsetzung verwaltet. Am nächsten ist diesem

Ziel die evangelische Kirche. Dennoch ist keine der bestehenden Kirchen schon die vollkommene Kirche; sie alle harren vielmehr noch der Zeit, wo der Herr die getrennten vereinigt, und das vollkommene Reich Gottes schon auf Erden erscheint." Man sieht hier, wie alle Bemühungen, Gegensätze zu verwischen, so lange man noch etwas Positives festhalten will, vergeblich sind. Wenn man einmal in dem positiven Bekenntniß eines Andern durchaus eine Beleidigung finden will, so sind die Worte obiger Stelle: „am nächsten ist diesem Ziele die evangelische Kirche" ebenso eine Beleidigung für uns Katholiken, wie unsere Behauptung, daß die katholische die allein wahre sei, eine Beleidigung für die evangelische Kirche. In der That und in der Wahrheit sind aber abweichende redliche Ueberzeugungen und Meinungen überhaupt keine Herabwürdigungen Anderer, und damit fällt wieder die ganze Anschauungsweise des Herrn Prälaten in ihr Nichts zusammen.

7) Die Nichtigkeit dieser Auffassung, daß die Ueberzeugung von dem ausschließlichen Besitz der christlichen Wahrheit eine Herabwürdigung und Verunglimpfung Anderer sei, ließe sich nun gerade so, wie an der Lehre von der Kirche, so auch an allen anderen Lehren des Christenthums von der ersten bis zur letzten nachweisen. Ist die Ansicht des Herrn Prälaten richtig, dann darf kein Christ mehr auf Erden und kein Lehrer des Christenthums eine Lehre, über die irgendwo ein Streit besteht, als die ausschließlich wahre öffentlich vertheidigen; am wenigsten aber darf er es thun bezüglich solcher Lehren, die unter den verschiedenen christlichen Confessionen als Controverslehren bestehen; denn jede derartige exclusive Behauptung ist ja dann zugleich „eine Verunglimpfung und Herabwürdigung" jener Christen oder jener Confessionen, wo das Gegentheil gelehrt wird. Ich darf dann auch die Gottheit Christi nicht mehr vertheidigen und behaupten, daß Alle, die sie leugnen, sich im Irrthum befinden und von der Lehre des Evangeliums abgefallen sind. Denn das ist ja offenbar wieder eine heillose „Verunglimpfung und Herabwürdigung" der Meinungen Anderer. Nach dem Standpunkt des Herrn Prälaten Dr. Zimmermann ist nur noch Eine Glaubensansicht zulässig, daß man nämlich jede lebendige Ueberzeugung von den christlichen Wahrheiten aufgibt und bei jeder christlichen Lehre nicht mehr

wie unsere christlichen Voreltern mit dem Credo beginnt: „Ich glaube," sondern „ich meine, es scheint mir so, es kann aber auch anders sein." Das beleidigt freilich Niemand, ist keine „Herabwürdigung und Verunglimpfung" anderer Ansichten, es ist aber eine Herabwürdigung und Verunglimpfung des Christenthums und des eignen Geistes.

8) Die absolute Hinfälligkeit dieser ganzen Anschauungsweise zeigt sich uns sogar bei jeder natürlichen Erkenntniß und Wahrheit, worüber Zwei untereinander in Widerspruch gerathen. Wir erkennen Wahrheit nicht nur aus dem Worte Gottes, sondern auch aus der Vernunft. Bei der Glaubensüberzeugung gehen wir von ihrer Uebereinstimmung mit der göttlichen Offenbarung aus, bei jeder blos natürlichen Erkenntniß von ihrer Uebereinstimmung mit der Vernunft. Wenn es nun eine „Herabwürdigung und Verunglimpfung" ist, einem Christen zu sagen, daß wir seine Glaubenssätze nicht für wahr, d. h. nicht für übereinstimmend mit der Offenbarung halten, so ist es auch eine Verunglimpfung Anderer, wenn wir ihre Ansichten aus bloßen Vernunftgründen als unwahr bestreiten; da müßte jede Discussion aufhören. So gewiß aber das Letztere absurd wäre, so gewiß ist es unwahr und gänzlich ungerechtfertigt, wenn mein Herr Gegner sich erlaubt, mir deßhalb vor dem Landesfürsten und allen protestantischen Bewohnern des Landes eine Herabwürdigung des protestantischen Glaubens vorzuwerfen und dadurch alle Leidenschaften und Gehässigkeiten in den Herzen der Protestanten gegen mich anzuregen, weil ich in der schlichtesten Weise eine Lehre der katholischen Kirche ausgesprochen und damit freilich eine Lehre der Protestanten zwar nicht direct, aber indirect als irrig bezeichnet habe.

9) Und zu welchen Consequenzen würde diese Auffassung führen, wenn wir uns in dieser Weise gegenseitig anklagen wollten! Welch ein widerwärtiges, wahrlich für christliche Gesinnung nicht förderliches Gezänke müßte daraus entstehen! Da liegt der „Katechismus der christlichen Lehre", welcher „für die evangelisch-protestantische Kirche im Großherzogthum Hessen" bestimmt ist und in den protestantischen Schulen gebraucht wird, neben mir; welcher ganz anders in die Herzen der Menschen und der Kinder eindringt bei langjährigem, täglichem Gebrauche, als ein einmal verlesener Hirten-

brief. Da heißt es z. B. pag. 88: „Außer der hohen Meinung von dem Ansehen des Papstes entstanden allmählig auch noch andere Meinungen und Lehren, die ebenfalls keinen Grund in den Aussprüchen des Erlösers und seiner Apostel hatten. Das Ansehen der hl. Schrift wurde herabgesetzt und dagegen die mündliche Ueberlieferung sammt den Beschlüssen der Päpste und Kirchenversammlungen um so höher geachtet. Zu der Zahl der Sacramente setzte man noch die Firmelung oder die Confirmation, die Buße, die Ehe, die Priesterweihe und die letzte Oelung oder die Salbung der Kranken mit Oel u. s. w. Das Schlimmste aber, was aufkam, war der Ablaß oder die Lossprechung von Sünden, die als Mittel gebraucht wurde, um Geld zu gewinnen. Lange behauptete das Papstthum seine Macht und sein Ansehen. Das gemeine Volk wurde in Unwissenheit erhalten u. s. w." So sehr ich nun so colossale und grobe Entstellungen der katholischen Lehren wie, der Ablaß sei eine Lossprechung von Sünden und ein Mittel um Geld zu gewinnen, bedauere, so führe ich doch diese Stellen hier nicht als eine Klage an, sondern nur zur Beleuchtung des Verfahrens des Herrn Prälaten Dr. Zimmermann gegen mich. Ich bitte daher meine christlichen Leser auch hier wieder zwischen meinem Gegner und mir zu entscheiden, ich bitte sie, hinsichtlich der Verbreitung die Bedeutung eines Katechismus und eines Hirtenbriefes in Betracht zu ziehen; beide Stellen, die in meinem Hirtenbrief enthaltene mit denen im protestantischen Katechismus zu vergleichen und dann zu beurtheilen, ob es billig ist, daß Männer, die solche positive Angriffe gegen die katholische Kirche täglich zur Grundlage ihres Volksunterrichtes machen, vor der protestantischen Bevölkerung mir deßhalb eine Herabwürdigung ihres Glaubens Schuld geben, weil ich in einem Hirtenbriefe die Lehre der katholischen Kirche, daß sie allein die wahre Kirche Christi sei, schlicht und einfach vorgetragen habe, ohne irgend einen directen Angriff gegen die Protestanten auszusprechen, ja ohne einmal ihren Namen zu nennen. Wenn wir so gegen einander verfahren wollen, dann wird freilich des Streites kein Ende sein; dann werden wir einen Wettstreit beginnen darüber, wer seinen Gegner an Lieblosigkeit und Ungerechtigkeit übertreffen kann. Dann werden wir freilich die religiösen Leidenschaften des Volkes mächtig anregen, und

Haß und Zwietracht wird die Frucht unserer Aussaat sein; aber das Reich Gottes wird davon keinen Gewinn haben.

Es ist daher unwahr, wenn der Herr Prälat Dr. Zimmermann behauptet, daß ich durch meinen Hirtenbrief vom Jahre 1863 den evangelischen Glauben herabgewürdigt und verunglimpft habe; und ich möchte, daß meine Stimme bis zur letzten Hütte der protestantischen Bewohner des Landes hindringen könnte, um dagegen zu protestiren, daß ihr Herr Prälat durch die so ungerechte Beschuldigung sie irre leite und ihre Gefühle mit unberechtigter Bitterkeit gegen das Wirken katholischer Priester erfülle.

Es bleibt uns jetzt noch der letzte Hirtenbrief zu betrachten übrig, welchen der Herr Prälat zur Begründung seiner Beschuldigung anführt, um zu sehen, ob wir endlich dort die bisher vergeblich gesuchten „Verunglimpfungen und Herabwürdigungen des evangelischen Glaubens" finden.

Der Herr Prälat beginnt:

Hirtenbrief von 1867.

„Dieser Hirtenbrief spricht fortwährend nur von Protestantismus und nicht von der evangelischen Kirche, will also nichts von Parität, während sich unsere Kirche unausgesetzt von dem Grundsatze der Parität leiten läßt."

Ob der Herr Prälat in der That von „Parität" einen rechten Begriff hat, bezweifle ich sehr, worüber ich mich später noch aussprechen werde, und ich fürchte daher, daß auch die Behauptung von der unausgesetzten Befolgung der wahren Parität in der evangelischen Landeskirche, soweit diese von ihm abhängt, mehr eine Selbsttäuschung als eine Wahrheit ist. Was aber der Herr Prälat in der ersten Hälfte des vorstehenden Satzes sagt, daß ich nichts von Parität wissen wolle, weil ich in jenem Hirtenbriefe nur „von Protestantismus und nicht von der evangelischen Kirche" rede, ist mir gänzlich unverständlich. In meinen Worten liegt das nicht, und ich habe die Rechtsparität der evangelisch-protestantischen Kirche niemals bezweifelt. Das sind also wieder ganz willkürliche von dem Herrn Prälaten hineingetragene Voraussetzungen, an denen nicht ich schuld bin, sondern er selbst; er mißdeutet meine Worte, beleidigt dann mit meinen mißdeuteten Worten sich selbst und

imputirt mir dann eine Beleidigung. Ein merkwürdiges Ver=
fahren!

Der Herr Prälat fährt fort:

„Dieser Hirtenbrief behauptet S. 6: „Den Frieden der
„gemischten Ehen gefährde die Lehre des Protestantismus,
„die unter gewissen Umständen die Trennung des Bandes
„zulasse, weit eher, als die katholische, die keine Trennung
„dulde."

„Aber es ist nicht die Lehre der evangelischen Kirche allein,
welche unter gewissen Umständen die Lösung des Ehebandes
gestattet, es ist die Lehre Christi selbst und seiner Apostel.
Aber das kommt ja hier gar nicht zur Sprache, und es möchte
doch sehr schwer zu beweisen sein, daß in irgend einer ge=
mischten Ehe der Gedanke an die Möglichkeit der Trennung
den Frieden gestört habe. Nicht die Möglichkeit der Lösung
des Bandes stört den Frieden in den gemischten Ehen —
diese Behauptung ist eine Verdächtigung und Verunglim=
pfung nicht allein der evangelischen Kirche, sondern der
Lehre Christi selbst — sondern die Störung kommt anders=
woher."

„Eine Verunglimpfung der evangelischen Kirche ist es,
wenn es Seite 5 heißt: „Die katholische Kirche legt sogar
„dem Katholiken gegen den protestantischen Ehegatten weit
„größere Pflichten auf, als der Protestantismus dem Pro=
„testanten gegen den katholischen Ehegatten."

„Auch die evangelische Kirche verbietet die Trennung von
dem katholischen Ehegatten, auch sie gebietet, dem katholischen
die Treue zu halten bis zum Tod. Aber weil ihr die Ehe
kein Sacrament ist und es ihr nicht sein kann, weil sie
Christus, ihr Herr, nicht dazu gemacht, und weil sie auf
ausdrückliche Aussprüche des Herrn sich stützt, so kann sie
in gewissen Fällen die Lösung des Ehestandes zulassen.
Aber ich frage, was wiegt denn schwerer, die Lösung eines
Bandes, das man bei all seiner Heiligkeit doch für kein
sacramentliches anerkennt, oder die Lösung eines Bandes,
das man zu einem Sacramente gemacht hat? Und doch
haben — die Geschichte ist dessen Zeuge — die Päpste in

nicht seltenen Fällen trotz der Lehre von der Ehe als einem Sacramente Ehen getrennt und zur Schließung neuer Ehen Dispens gegeben." Ich glaube nun kaum, daß es für einen unbefangenen Leser hier einer Widerlegung bedarf. Diese behaupteten „Verdächtigungen und Verunglimpfungen" sind so erzwungen, daß sie von selbst in ihr Nichts zerfallen. Um aber die Unbilligkeit dieses Vorwurfes noch einleuchtender zu machen, will ich den betreffenden Abschnitt meines Hirtenbriefes selbst reden lassen.

Unmittelbar vorher findet sich die einleitende Bemerkung: „Ich hoffe den Ungrund jener Anklagen, — daß nämlich die Lehre der katholischen Kirche über die gemischten Ehen Lieblosigkeit gegen Andersgläubige enthalte und Uneinigkeit in den Familien säe, — mit solcher Klarheit nachzuweisen, daß jeder wohlwollende und vernünftige Mensch, er mag Katholik sein oder nicht, das Verfahren der Kirche billigen muß. Ich kann daher nur wünschen, daß dieser Hirtenbrief auch in Händen Solcher komme, die nicht zur katholischen Kirche gehören[1]); sie werden daraus sehen, daß, wenn wir auch gemischte Ehen mißbilligen, wir dennoch weit entfernt sind, dies aus lieblosen Gründen zu thun." Das Letztere war eigentlich die Hauptabsicht des ganzen Hirtenbriefes. So viele Lehren der Kirche, die in sich voll tiefer Vernünftigkeit und voll Menschenfreundlichkeit sind, werden vielfach mißverstanden und dadurch nicht nur verkannt, sondern diese Mißverständnisse werden dann auch zu gehässigen Angriffen benutzt. Das vor Allem muß einen Diener der Kirche schmerzen, und was könnte daher näher liegen, als das Bestreben, diese Mißverständnisse zu beseitigen, und die innere Wahrheit und Berechtigung solcher kirchlicher Lehren zur Anschauung zu bringen? In diesem Bestreben habe ich schon Hirtenbriefe über verschiedene Gegenstände erlassen, bei denen ich wußte, wie sehr sie verkannt werden, so daß ganz vielen unserer Zeitgenossen das als bös, verderblich und schlecht erscheint, was uns als gut und segensreich erscheint, und was auch ihnen so erscheinen würde, wenn sie die innere

---

[1]) Ich mache die Leser darauf aufmerksam, daß auch in diesem Wunsche der Herr Prälat Dr. Zimmermann eine Verunglimpfung der evangelischen Kirche findet; ich bitte dies im Gedächtniß zu behalten, weil ich später darauf zurückkomme.

Anschauung von diesen Dingen hätten, wie wir sie haben. In diesem Sinne habe ich nun im vorigen Jahre von den gemischten Ehen gesprochen. Ich wollte allen wohlwollenden Menschen, mögen sie Katholiken oder Protestanten sein, zeigen, daß, wenn wir auch im Princip gemischte Ehen mißbilligen, wir dieses aus Gründen thun, die in dem Wesen des ehelichen Bandes als der innigsten Lebensgemeinschaft zweier Menschen auf Erden liegen; nicht entfernt aber, wie man so oft glaubt, aus lieblosen Gründen. Ich wollte Allen den evidentesten Beweis liefern, daß alle Voraussetzungen, als ob Lieblosigkeit gegen Andersgläubige uns antreibe, wenn wir vor gemischten Ehen warnen, gänzlich und in jedem Betrachte unwahr sind. Man möge sich deßhalb mein Erstaunen denken, als ich jetzt durch den Herrn Prälaten Dr. Zimmermann erfuhr, daß ich meine Absicht nicht nur nicht erreicht habe, sondern vielmehr das gerade Gegentheil gethan und mich dadurch neuer „Verdächtigungen und Verunglimpfungen der evangelischen Kirche" schuldig gemacht habe. Weiter kann man freilich nicht vom Ziele treffen, als ich es dann gethan hätte, wenn Herr Prälat Dr. Zimmermann Recht hat. Der Herr Prälat weiß sogar ein redliches und ehrlich gemeintes Wort der Versöhnung in das gerade Gegentheil, in eine Verhöhnung und Herabwürdigung des evangelischen Glaubens umzudeuten.

Bevor ich nun in meinem Hirtenbriefe zur eigentlichen Abhandlung des Gegenstandes übergehe, schicke ich unmittelbar nach der vorher mitgetheilten Stelle zwei Bemerkungen voraus, welche die Bestimmung haben, vor der Behandlung der Sache selbst einige entferntere Mißverständnisse, welche die Unbefangenheit des Urtheils hindern könnten, zu beseitigen. In der zweiten dieser Vorbemerkungen finden sich dann die Sätze, in welchen Herr Prälat Dr. Zimmermann „Verunglimpfung des evangelischen Glaubens" denuncirt. Ich lasse beide hier folgen, damit meine Leser den Geist derselben besser erfassen können, um zu beurtheilen, ob dieser Geist ein Geist der Versöhnung war oder ein Geist der Verunglimpfung. Sie lauten:

Erstens: Wenn die Kirche aus gewichtigen Gründen die gemischten Ehen mißbilligt und sie für die hohen Interessen, welche in der christlichen Familie gepflegt werden sollen, nachtheilig hält, so behauptet sie dennoch nicht, daß immer und in allen Fällen diese Nachtheile in gleichem Maße eintreten.

Es gibt Ausnahmen, vielleicht nicht seltene Ausnahmen; es gibt gemischte Ehen, in denen sie fast ganz verschwinden. Ich selbst kenne solche gemischte Ehen und habe aus einigen von ihnen sogar tüchtige Diener der Kirche erhalten. Das sind aber Fälle, welche die Regel nicht aufheben, und es ist immer unstatthaft, einzelner Ausnahmen wegen allgemein wahre Grundsätze zu bestreiten.

Zweitens: Alle jene Lehren der Kirche über die gemischten Ehen, beziehen sich nicht auf Ehen, die bereits geschlossen sind, sondern auf solche, die noch gar nicht existiren, die erst geschlossen werden sollen. Bezüglich der bereits giltig geschlossenen gemischten Ehen macht dagegen die Kirche hinsichtlich der Pflichten des katholischen Theils gegen den nichtkatholischen Ehegatten gar keinen Unterschied zwischen rein katholischen und gemischten Ehen; sie verlangt dieselbe Liebe, Treue, Gehorsam, Aufopferung gegen den protestantischen wie gegen den katholischen Ehegatten. Sie legt sogar dem Katholiken gegen den protestantischen Ehegatten weit größere Pflichten auf, als der Protestantismus dem Protestanten gegen den katholischen Ehegatten; sie verbietet ihm, sich von dem protestantischen Ehegatten zu trennen, so lange dieser lebt, während der Protestantismus seinen Anhängern in vielen Fällen gestattet, den katholischen Ehegatten zu verlassen; ja sie geht so weit, den Katholiken zu verpflichten, dem protestantischen Ehegatten bis an's Lebensende selbst dann treu zu bleiben, wenn dieser ihn böswillig verlassen und sogar eine andere Ehe geschlossen hat. Das ist aber, wie jeder Katholik weiß, nicht etwa blos eine unwirksame Lehre, sondern eine solche, die mit der äußersten Strenge, mit ausnahmsloser Consequenz, überall und in allen Fällen beobachtet wird. Nicht selten sind Priester in der Lage, Katholiken, die von protestantischen Ehegatten verlassen sind, zu sagen, daß sie dennoch bis an ihr Lebensende denselben die eheliche Treue halten müssen, wenn sie nicht der Sünde des Ehebruches sich mitschuldig machen wollen. Damit sind aber eigentlich schon alle Vorwürfe, welche der katholischen Kirche und ihren Dienern in dieser Hinsicht gemacht werden, vollständig beseitigt. Nicht die katholische Kirche, die keine Trennung duldet, gefährdet den Frieden der gemischten Ehen, sondern weit eher die Lehre des Protestantismus, die wenigstens unter gewissen Umständen eine Trennung des Bandes zuläßt; bei den noch nicht geschlossenen gemischten Ehen kann aber offenbar von Friedensstörung nicht geredet werden, da das, was noch nicht ist, auch nicht gestört werden kann.

Ich finde diesen Worten kaum noch etwas beizufügen. Sie rechtfertigen sich selbst gegen den Vorwurf einer Verunglimpfung. Die Behauptung, daß die Päpste eine giltige und nach katholischen Grundsätzen unauflösliche Ehe getrennt hätten, leugne ich gänzlich. Es gehört das aber nicht zur Sache, welche lediglich in der Pflicht des Herrn Prälaten besteht, sich über die Beschuldigung zu rechtfertigen, daß ich in meinen Hirtenbriefen die evangelische Kirche verunglimpfe und herabwürdige. Die Behauptung des Herrn Prälaten aber, daß meine Ansicht, die Möglichkeit der Trennung der Ehe könne eine Veranlassung zur Störung des Friedens werden, „eine Verdächtigung und Verunglimpfung nicht nur der evangelischen Kirche, sondern der Lehre Christi selbst" sei, geht über jedes Maß einer besonnenen Beurtheilung hinaus. Ich glaubte damit eine Sache auszusprechen, die absolut evident sei und die von keinem vernünftigen Menschen bestritten werden könnte. Ich kenne keine nach meiner Vernunft evidentere Thatsache, als die, daß der Gedanke an die Möglichkeit der Trennung des Ehebandes unter gegebenen Verhältnissen den Frieden gefährden könne. Zwei Reisende, die für die Dauer einer langen Reise täglich vereinigt sind und in einem Zimmer zusammen leben müssen, werden schon deßhalb in der Regel vorsichtiger sein, jeden auch den kleinsten beginnenden Mißton ferne zu halten, als jene, die da wissen, daß sie nur für einen Tag zusammen sind. Dasselbe natürliche Gesetz habe ich bezüglich der Ehe aussprechen wollen, wo es in einer höheren Weise stattfindet. Der Herr Prälat konnte es bestreiten; mir aber daraus den Vorwurf der „Verdächtigung und Verunglimpfung nicht nur der evangelischen Kirche, sondern der Lehre Christi selbst" zu machen, ist gewiß mit den Elementargesetzen eines vernünftigen und billigen Denkens unvereinbar. [1]

---

[1] Merkwürdig sind die Bemerkungen über diesen Gegenstand in der Darmstädter Allgemeinen Kirchenzeitung. (1830. Nr. 116), welche von E. Zimmermann, dem Bruder des Herrn Prälaten, gegründet, von Letzterm seit vielen Jahren redigirt wird. Sie widerlegen in jeder Zeile die Behauptungen des Herrn Prälaten.

„Um so mehr, heißt es dort, fällt uns hier eine Inconsequenz auf, welche vor allen unsere protestantische Kirche trifft, ich meine: die Gesetze derselben die Trennung der von ihr bestätigten Ehen betreffend.

Zeigt der Staat von der einen Seite so viel Achtung vor dem im alten Testamente offenbarten göttlichen Worte, so nimmt es uns um so mehr Wunder, von der evangelischen Kirche selbst so wenig Rücksicht auf die Gesetze genommen zu sehen, welche im Evangelium der Stifter unserer Religion hinsichtlich der Ehe und deren Trennung ausspricht; denn hören wir nicht in unseren Kirchen über jeden zu schließenden Ehebund vom Geistlichen das Wort des Herrn aussprechen: „was Gott zusammenfügt, das soll der Mensch nicht scheiden", und dennoch trennen Menschen und zwar eben die Repräsentanten der Kirche, oft schon nach wenig Wochen jenen Bund! — Um so auffallender aber ist diese Erscheinung, da sie in unseren Zeiten häufiger als je wahrgenommen wird, und darum nicht nur bei uns so feindlich gegenüberstehenden katholischen Kirche Grund zum Tadel und Vorwurf für uns, sondern

Dasselbe gilt von der andern vorgeblichen Verunglimpfung, welche in jenen Worten liegen soll: "Die katholische Kirche auch selbst so manchem Mitgliede unserer Kirche Anlaß zu Aergerniß gibt, ja, um so betrübender auch ist diese Erscheinung wegen der traurigen Folgen, die solche Trennungen nicht nur in religiöser, sondern auch in sittlicher und selbst bürgerlicher Hinsicht haben.

In religiöser Hinsicht ist die Trennung der Ehen nachtheilig wegen der daraus entspringenden Geringschätzung des göttlichen Wortes und der heiligen Handlung, der Bestätigung der Ehe von Seiten der Kirche, was um so leichter daraus, besonders bei dem gemeinen Manne hervorgehen muß, der dabei auch hauptsächlich auf die dazu erforderlichen Kosten, ohne welche seine Ehe nicht getrennt wird, Rücksicht nimmt und deßhalb der Kirche den Vorwurf der Gewinnsucht und Parteilichkeit gegen Reichere macht. — In sittlicher Hinsicht ist die Trennung der Ehen nachtheilig, weil theils dadurch dem Leichtsinne bei den zu schließenden Ehen, sowie anderen Leidenschaften, da nach Befriedigung derselben man ja sich des nun beschwerlich werdenden andern Theils leicht entledigen kann, Thür und Thor geöffnet wird; theils, weil so oft diese Leidenschaften noch auf die Kinder solcher geschiedener Eheleute übertragen werden, und man nicht selten dieselben von Haß und Verachtung gegen einen und den andern Theil der Eltern erfüllt und in ihnen die seligsten Gefühle der Eltern- und Geschwisterliebe erstickt sieht; weil endlich die herrlichen Tugenden der Geduld, Nachsicht, Milde und Vergebung weniger geübt werden, da man den bei weitem leichteren Weg der gänzlichen Trennung vom schuldigen Theile offen sieht. — Aber auch in bürgerlicher Hinsicht ist die Trennung der Ehen nachtheilig, wenn man das unzählbare Unheil bedenkt, welches dadurch über die Kinder solcher Ehen geschüttet wird; ja, nur der kann das Betrübende recht empfinden, den das Unglück selbst betroffen hat, in einer solchen Lage gewesen zu sein, und gewiß kann die Erziehung solcher unglücklicher Kinder, die ja meist verkehrt oder einseitig werden muß, für den Staat in keiner Hinsicht vortheilhaft sein; des unsäglichen Elendes, das solchen unglücklichen Kindern dadurch bereitet wird, nicht zu gedenken. — Wenn man nun endlich erwägt, wie unser Herr, der Stifter unserer Religion, und der Apostel Paulus über diesen Punkt sich Matth. 5, 32. Marc. 10, 9 ff. I. Kor. 7, 10—11 aussprechen, so muß man sich billig wundern, daß unsere evangelische Kirche hierin vom Evangelium abweicht und der katholischen nachsteht, und läßt mich an Besserunterrichtete die Bitte um Belehrung aussprechen: "wie es wohl komme, daß die evangelische Kirche dem ausdrücklichen Befehl unsers Herrn zuwider und der großen Nachtheile in religiöser, sittlicher und bürgerlicher Hinsicht ungeachtet die Ehen ihrer Mitglieder, die sie vorher bestätigt, auch aus andern Gründen, als wegen Ehebruch, wieder auflöst und trennt?" — Dazu bemerkt die Redaction: "Die Beantwortung der aufgeworfenen Frage gern Andern überlassend, erlaube ich mir nur den Wink, daß der christliche Begriff des Ehebruchs ein viel weiterer ist, als der im gemeinen Leben giltige. Mit Matth. 19, 6. 9 vgl. Matth. 5, 27; 28."

legt sogar dem Katholiken gegen den protestantischen Ehegatten weit größere Pflichten auf, als der Protestantismus dem Protestanten gegen den katholischen Ehegatten." Ich bitte einen Blick auf die obige Stelle meines Hirtenbriefes zu werfen, wo dieser Satz in seinem Zusammenhange vorkömmt, um sich eine Vorstellung zu machen von der unerhörten Art, wie hier eine Herabwürdigung herausgepreßt wird. Ich sage dort zuerst, daß Alles, was die Kirche über die gemischten Ehen lehrt, sich nur auf jene Ehen bezieht, die noch nicht geschlossen sind; daß sie dagegen bezüglich der bereits geschlossenen gemischten Ehen dem katholischen Theil dem protestantischen gegenüber ganz dieselben Pflichten auflege, wie bei nicht gemischten Ehen. Daraus sollte sich die Folgerung ergeben, daß also das Vorurtheil, die Lehre der Kirche über die gemischten Ehen störe den Frieden in diesen, gänzlich unbegründet sei. Um diesen Gedanken noch mehr hervorzuheben, füge ich bei, daß sogar der katholische Theil noch größere Pflichten habe gegen den protestantischen, als umgekehrt, und ich erkläre sofort, was freilich der Herr Prälat nicht andeutet, worin diese „größeren Pflichten" bestehen, indem ich sage, daß der katholische Theil von dem protestantischen Ehegatten sich nie trennen dürfe, und selbst dann dem protestantischen Ehegatten bis zum Lebensende treu bleiben müsse, wenn der protestantische Ehegatte nach der gesetzlichen Scheidung sich wieder verheirathe. Ist es nun wahr, daß diese Unauflöslichkeit des Bandes und die Pflicht der Treue bis ans Ende für den Katholiken eine größere Pflicht begründet? Wer kann das bestreiten? Wenn es aber wahr ist, wer kann dann aus dem Aussprechen dieser einfachen Wahrheit eine Beleidigung machen? Man sieht, der Herr Prälat will verunglimpft sein, es mag gehen oder nicht.

Der Herr Prälat fährt fort:

„Die ganze Grundanschauung des Hirtenbriefes aber muß uns um so mehr als eine Verunglimpfung der evangelischen Kirche erscheinen, da Sie selbst wünschen, daß derselbe auch in die Hände solcher komme, die nicht der katholischen Kirche angehören, damit sie daraus ersehen möchten, daß Sie, Herr Bischof, nicht aus Lieblosigkeit die gemischten Ehen mißbilligen. Wir Evangelischen halten auch die gemischten Ehen für keinen Segen, auch wir glauben, daß in der innigsten Lebensverbindung gerade der gemeinsame Glaube zum wahren Heile dieser Verbindung unentbehrlich ist. Aber wir sehen auch ein, daß diese Ehen in paritätischen Ländern unvermeidlich sind."

Die „Grundanschauung des Hirtenbriefes" war, zu zeigen, daß wir Katholiken die gemischten Ehen nicht aus Lieblosigkeit gegen die Protestanten mißbilligen, sondern aus ganz anderen Gründen, die mit Lieblosigkeit nichts zu thun haben und bei dem innigstengegenseitigen Wohlwollen in aller Geltung bleiben. Wie diese Grundanschauung „um so mehr als eine Verunglimpfung der evangelischen Kirche erscheinen muß," weil ich wünschte, daß der Hirtenbrief auch in Händen von Protestanten kommen möge, gehört wieder zu den völligen Unbegreiflichkeiten, deren wir schon so viele betrachtet haben. Wenn ich also den Protestanten sage: Wir mißbilligen zwar die gemischten Ehen, weil eine so innige Lebensgemeinschaft, wie die Ehe nach göttlicher Einsetzung sein soll, eine vollständige Uebereinstimmung in dem tiefsten Lebensgrunde aller Vereinigung, in der Religion, erfordert; wir mißbilligen sie aber in keiner Weise, weil wir euch irgendwie geringschätzen oder nicht lieben, und ich wünsche von ganzem Herzen, daß diese unsere Auffassung von der gemischten Ehe allen Protestanten bekannt werde, so ist das eine Beleidigung, eine Herabwürdigung, eine Verunglimpfung der evangelischen Kirche. Mit demselben Rechte kann der Herr Prälat mich auch einer Herabwürdigung der evangelischen Kirche beschuldigen, wenn ich öffentlich bekenne, daß Alles, was von mancher Seite über meinen Fanatismus gegen die Protestanten gesagt worden ist, von Anfang bis zu Ende Lüge war. Mit solchen Ansichten werden wir noch dahin kommen, daß alle Verleumdungen gegen die katholische Kirche und ihre Diener das allein Berechtigte sind, und daß jeder Protest, den wir dagegen erheben, eine Verunglimpfung gegen die ist, denen wir diese Unwahrheiten damit nachweisen und vorwerfen.

Am Schlusse seines Schreibens fällt leider der Herr Prälat in den Ton zurück, den Dr. Josias Bunsen angestimmt hat, als er mir vorwarf, ich hätte dem deutschen Volke Ehre und Gewissen abgesprochen. Aehnlich unterstellt mir der Herr Prälat hier Ansichten, die meiner ganzen Denkweise bis in den Grund zuwider sind.

Wenn nämlich der Herr Prälat weiter sagt: „Bei aller Verschie=

benheit des Glaubens der Evangelischen und Katholischen haben doch beide Confessionen in den Grundwahrheiten, in den Grundartikeln des Glaubens so viel Gemeinsames, daß eine Ableugnung dieses Gemeinsamen eine schwere Verunglimpfung ist", so kann das doch nur bedeuten, ich habe dieses Gemeinsame abgeleugnet. Das muß ich aber als eine der gröbsten Entstellungen meiner Gesinnung, wozu ich nie durch irgend ein Wort Veranlassung gegeben habe, das muß ich als eine Unwahrheit zurückweisen. Ich danke Gott aus ganzer Seele für jedes Gemeinsame an positiv christlichem Glauben, das ich bei uns und den Protestanten antreffe. Ich verfolge mit dem höchsten Interesse jede Kundgebung im Protestantismus über Anerkennung gemeinsamer christlicher Glaubenswahrheiten. Ich freue mich unendlich, wo immer ich Gelegenheit habe, bei einem Protestanten eine lebendige christliche Glaubensüberzeugung zu finden, und statt dieses Gemeinsame zu leugnen, ist es vielmehr mein größter Seelenschmerz, wenn ich gezwungen bin anzuerkennen, daß dieses Gemeinsame nicht in einem größeren Umfange vorhanden ist.

Wenn aber der Herr Prälat fortfährt:

„Wenn daher Ew. Hochwürden die gemischten Ehen eine Trennung in Gott, d. h. im Glauben nennen, als ob die evangelische Kirche nicht auch an den dreieinigen Gott glaubte, und dieß Seite 18. 19. so ausführen, daß klar erhellt, Sie sprechen der evangelischen Kirche das specifisch Christliche ab, Sie erkennen in einer gemischten Ehe nur eine Vereinigung durch Haus, Tisch und Vermögen, so vermögen wir darin nichts Anderes, als eine Verdächtigung und Verunglimpfung der evangelischen Kirche zu erkennen;"

so muß ich hier, als ob gegen Ende Alles noch recht schlimm werden müßte, gegen jede Zeile und gegen jedes Wort protestiren. Wenn ich von einer Trennung in Gott in meinem Hirtenbrief gesprochen habe, so habe ich es hinreichend erklärt. Eine Ehe, wie Gott sie im alten Bunde gegründet hat, wodurch Zwei Eins werden sollen, — das ist mein Gedanke; eine Ehe, wie Christus sie wiederhergestellt hat; eine Ehe endlich, die nach den Worten des heiligen Apostels Paulus ein so inniges Band schaffen soll, wie das Band ist, das Christus mit der Kirche verbindet, — eine solche Ehe, so schließe ich, muß vor Allem in Gott, d. h. im Glauben, in der Religion einig sein. Die bezügliche Stelle meines Hirtenbriefes, welche der Herr Prälat andeutet, lautet:

„Das Grundgesetz der Ehe im Alten Bunde sagt: Zwei sollen Eins sein in der Ehe, Eins in Einem Fleische, Zwei, die nach dem Bilde Gottes geschaffen sind, sollen Eins sein. Das Grundgesetz im Neuen Bunde fügt bei: Zwei sollen Eins sein nach dem Vorbilde Christi, Eins sein, wie Christus und die Kirche Eins sind; und diese Einheit sollen sie erlangen durch Christus und durch die Kirche. Zwischen Christus und der Kirche besteht aber die vollendetste Einheit vor Allem in dem Glauben und durch den Glauben; zwischen Christus und der Kirche besteht kein Schatten einer Spaltung, nichts Gemischtes, keine gemischte Ehe, und darum darf auch nach Christi Einsetzung und nach dem christlichen Grundgesetz der Ehe in einer christlichen Ehe keine Spaltung im Glauben, keine Spaltung über die Lehre Christi, keine Spaltung in den tiefsten Grundsätzen des Lebens sein. Wenn die Wurzeln des Geistes, um bildlich zu sprechen, da wo sie in Gott hineinragen, da wo sie für das ganze Leben des Menschen die eigentliche Lebenskraft herholen, zwischen Mann und Frau gespalten sind, dann herrscht keine vollendete Lebensgemeinschaft zwischen ihnen nach dem Gesetze Gottes und dem Vorbilde Christi. Mögen sie auch in Einem Hause zusammenwohnen, an Einem Tische zusammen essen, denselben Rang in der Welt einnehmen, mancherlei Lebensansichten mit einander theilen: das Alles gründet nicht jene vollendete Lebensgemeinschaft, die Gott haben will, um die erhabene Bestimmung der Familie vollkommen zu erreichen. Ebenbilder Gottes, Ebenbilder dessen, der die ewige Wahrheit ist, können nicht durch Haus, Tisch und Vermögen vereinigt werden, sondern nur durch die Wahrheit in ihrem Grunde, in Gott; um so mehr können Christen, die nicht nur Ebenbilder Gottes, sondern wahrhaft Kinder Gottes sind und Gott im Geiste und in der Wahrheit verehren sollen, nicht durch etwas Irdisches wahrhaft innerlich verbunden werden, sondern nur durch die innerlichste Uebereinstimmung in dem göttlichen Lichte, das Christus der Welt gebracht hat. Ein Bund, der dem Bunde Christi und der Kirche ähnlich sein soll, darf nicht gerade in dem getrennt sein, was das Wesen des Bundes zwischen Christus und der Kirche ausmacht. Darum tadelt also die Kirche die gemischten Ehen, darum warnt sie ihre Kinder vor solchen Verbindungen; nicht aus Lieblosigkeit, sondern weil sie eine so überaus erhabene Ansicht von dem Wesen dieses Bundes hat und weil sie durch das Grundgesetz Gottes und das Grundgesetz Christi in ihrem Urtheile bestimmt wird."

Hiernach ist es eine offenbare und gänzliche Sinnentstellung, wenn der Herr Prälat meine Worte so deutet, als ob ich gesagt hätte, daß „die evangelische Kirche nicht an den dreieinigen Gott glaube." Unmittelbar daran knüpft er eine zweite ebenso colossale Entstellung und Verdrehung meiner Worte, die darin liegt, daß er aus denselben ableitet, „ich spreche in dieser Stelle der evangelischen Kirche das specifisch Christliche ab;" und sofort schließt sich noch eine dritte an, wenn er sagt, daß ich gleichfalls in dieser Stelle behaupte, die gemischte Ehe sei nichts als „eine Vereinigung durch Haus, Tisch und Vermögen." Das ist wieder über alle Schranken des Vernünftigen und des Billigen. In der oben mitgetheilten Stelle führe ich den Gedanken aus, wie erhaben die Idee von der Ehe im Christenthum und deßhalb wie nothwendig die innigste Vereinigung im Glauben sei. Ich entwickle ihn durch viele Stufen; dabei sage ich unter Anderm: „Ebenbilder Gottes, Ebenbilder dessen, der die ewige Wahrheit ist, können nicht durch Haus, Tisch und Vermögen vereinigt werden, sondern nur durch die Wahrheit in ihrem Grunde, in Gott." Bei diesem Satze konnte ich direct gar nicht an die gemischte Ehe denken, am wenigsten konnte es meine Absicht sein, damit sogar das Wesen der gemischten Ehe bezeichnen zu wollen; und doch erlaubt sich Herr Dr. Zimmermann diese Worte aus dem Zusammenhang herauszureißen, und die Behauptung aufzustellen, ich hätte gesagt, die gemischte Ehe sei nichts als „eine Vereinigung durch Haus, Tisch und Vermögen." Er wagt dieses im vollen Widerspruch mit dem ganzen übrigen Inhalt des Hirtenbriefes, der von Anfang bis zu Ende die Anerkennung enthält, daß wir auch die gemischte Ehe als ein Sacrament betrachten mit allen heiligen Verpflichtungen, die ich aus der Idee der Ehe im Hirtenbriefe entwickelt habe. Ich kann diese Worte nicht niederschreiben, ohne zu fragen: Ist das erlaubt? ist es gestattet, so den einfachen Wortsinn zu entstellen?

So schließt also der Herr Prälat sein Schreiben, in welchem er seine Anklage, ich hätte seit Jahren in Hirtenbriefen den evangelischen Glauben verunglimpft und herabgewürdigt, beweisen sollte, mit einer dreifachen groben Unwahrheit: mit der Unwahrheit, daß ich den Protestanten den Glauben an die heilige Dreifaltigkeit abspreche; mit der Unwahrheit, daß ich an der evangelischen Kirche das specifisch Christliche leugne; mit der Unwahrheit, daß ich die gemischte Ehe zu einer bloßen Verbindung durch Haus, Tisch und Vermögen gemacht habe. Daran knüpft endlich der Herr Prälat den Satz: „Ob durch solche und ähnliche

Behauptungen der Friede zwischen den beiden gleichberechtigten Confessionen des Landes, auf den Ew. Hochwürden einen so großen Werth zu legen erklären, gefördert wird, das können wir getrost der Beurtheilung aller Denkenden überlassen." Ich habe dieser Phrase nur beizufügen, daß alle „solche und ähnliche Behauptungen" nicht meine Behauptungen sind, sondern mir von dem Herrn Prälaten in den Mund gelegt werden.

Ich glaube damit meine Aufgabe, die Beantwortung der Frage, ob es wahr oder unwahr ist, daß ich „schon seit einer Reihe von Jahren eine Menge von Verunglimpfungen und Herabwürdigungen des evangelischen Glaubens" in meinen Hirtenbriefen geübt habe, vollkommen gelöst zu haben. Ich überlasse das Urtheil nicht „allen Denkenden," sondern allen redlichen Christen, allen wohlwollenden Menschen, Allen, denen es nicht auf Phrasen, Streit und Zank ankömmt, sondern auf Wahrheit, Einigkeit und Liebe. Ich überlasse es Allen, um mich des tiefsinnigen Wortes der heiligen Schrift zu bedienen, die auch zu dieser Untersuchung „guten Willen" mitbringen. Ich weiß nicht, ob von den Protestanten, die von der Anklage des Herrn Prälaten in der Adresse an den Großherzog und in seinem Schreiben an mich gehört haben, viele meine Schrift lesen werden. Selbst auf die Gefahr hin, daß Herr Prälat Zimmermann hierin wieder eine schwere Beschimpfung des evangelischen Glaubens finden könnte, wünsche ich von ganzem Herzen, daß alle Protestanten sie lesen und prüfen möchten und ich würde dann auch sie gerne als Richter darüber anerkennen, ob der Bischof von Mainz nach den vorgelegten Beweisstücken die evangelische Kirche herabgewürdigt oder ob der Herr Prälat öffentlich vor dem Großherzog und dem ganzen Lande mich ungerechter Weise dessen angeklagt hat.

V.
Die wahre und falsche Parität; die wahren Grundlagen des religiösen Friedens.

Von dieser überaus unerquicklichen Discussion, welche mir ohne jegliche Veranlassung von meiner Seite abgenöthigt worden ist und den Beweis liefert, auf der einen Seite von der Macht alter eingewurzelter Vorurtheile, auf der andern Seite, daß es mir keineswegs gleichgiltig ist, welche Ansichten wohlwollende Protestanten von mir haben, gehe ich am Schlusse zu einer allgemeinen Betrachtung über. Sie wird mir die Gelegenheit bieten, auf den Zusammenhang mancher irriger Anschauungen, die uns auf unserem Wege begegnet sind, mit allerlei verkehrten Zeitrichtungen und Tagesmeinungen hinzuweisen und zugleich die wahren Grundsätze des religiösen Friedens zu erörtern.

Wir haben die Behauptung des Herrn Prälaten Dr. Zimmermann in seinem Schreiben an mich, daß ich „nichts von Parität wissen wolle," während die evangelische Kirche „sich unausgesetzt von dem Grundsatze der Parität leiten lasse," bereits kennen gelernt. Ich bin auch hier am Schlusse in der Lage, diese Behauptung, soweit sie mich und den Herrn Prälaten angeht, durchaus in Abrede stellen zu müssen. Nach der in dem vorliegenden Falle gemachten Erfahrung muß ich vielmehr annehmen, daß alle irrigen Auffassungen des Herrn Prälaten hauptsächlich darin ihren Grund haben, daß er von der wahren Parität keinen richtigen Begriff hat und deßhalb auch nicht von den wahren Grundlagen, auf denen allein der religiöse Friede unter den Confessionen bestehen kann; während ich zugleich behaupte, daß ich von meiner Seite die allein zulässige und wahre Parität noch nie verletzt habe. Wir wollen dies im Interesse des Friedens unter den Confessionen eingehender untersuchen.

Wir können das Wort „Parität" in seiner Beziehung auf das Verhältniß mehrerer Religionsbekenntnisse in einem doppelten Sinne verstehen: im Sinne einer rechtlichen Parität, oder im Sinne einer inneren Parität im Geiste des einzelnen Menschen. Die erste bezieht sich auf die äußere staatliche Rechtsstellung der Confessionen und enthält die rechtliche Gleichstellung derselben; die letztere enthält eine Gleichstellung derselben bezüglich meines Urtheils über ihre Wahrheit und muthet mir zu, von einander abweichende Lehren für gleich wahr und gleich gut zu halten. Die erstere fordert von allen Staatsangehörigen die Achtung und Anerkennung dieser Rechtsparität und ein dem entsprechendes Verhalten den anderen Confessionen gegenüber; die letztere fordert dagegen von allen Staatsangehörigen die innere Anerkennung der Gleichberechtigung nicht blos vor dem Staatsgesetze, sondern auch vor dem Gottesgesetze, vor der Wahrheit. Dieser Unterschied ist entscheidend. Aus der Verwechselung dieses doppelten Sinnes der Parität oder aus der Unklarheit über ihren Unterschied entstehen ähnliche Streitigkeiten, wie die vorliegende. Alle Anklagen des Herrn Prälaten haben lediglich in dieser Verwechselung ihren Grund.

Welcher von diesen beiden Begriffen der Parität ist nun berechtigt? Welcher vernünftig, christlich, gerecht? Welcher führt zum Frieden?

Ich antworte: Ohne Zweifel nur die Parität im ersten Sinne, während die Parität im zweiten Sinne unvernünftig, unchristlich und ungerecht ist und zu endlosem confessionellem Streit und Zank führen muß.

Die Parität im zweiten Sinne ist unvernünftig. Denn nichts fordert die Vernunft mehr als innere Entscheidung über die wichtigsten Fragen, die sich ihr zur Lösung darbieten; nichts ist ihr unerträglicher, als Indifferenz und Unklarheit; sie kann nicht zwei entgegenstehende Ansichten über wichtige Lebensverhältnisse innerlich als gleichberechtigt vor ihrem eigenen Forum, nicht nach den Grundsätzen der Parität, behandeln. Das gilt von allen natürlichen und übernatürlichen Fragen; das gilt von allen philosophischen, socialen, politischen Fragen; das gilt gerade so von allen religiösen Fragen. Wer Parität fordert, d. h. wer dem Menschengeiste zumuthen will, daß er über alle diese Ge=

biete des Denkens allen widersprechenden Ansichten gleiche Berechtigung zuerkennen soll, der muthet wahrhaft der Vernunft den Selbstmord zu.

Sie ist unchristlich; denn sie zerstört das Christenthum in seinem Wesen, nach welchem es Wahrheit lehren will. Das bezeichnet der Heiland als die eigentliche Aufgabe seines Erscheinens auf Erden, indem er sagt: „Dazu bin ich gekommen, um von der Wahrheit Zeugniß zu geben." Nun bestehen aber leider über den Inhalt dieser christlichen Glaubenswahrheiten die unseligen Spaltungen; und wenn wir von verschiedenen Religionsbekenntnissen sprechen, so liegt es schon in dem Worte selbst, daß eben das Bekenntniß, also der Begriff, den jede Confession von der Lehre Christi hat, der Grund dieser Verschiedenheit ist. Wer nun im Namen der Parität fordert, daß die Mitglieder der einzelnen verschiedenen Confessionen den widersprechenden Bekenntnissen eine innere Gleichberechtigung, eine innere Parität einräumen, der hebt dadurch nicht nur die verschiedenen Bekenntnisse als solche selbst auf, sondern er fordert von dem Christen eine Verzichtleistung auf das innerste Wesen des Christenthums als einer von Gott offenbarten Wahrheit und einer Lehranstalt der Wahrheit.

Sie ist ungerecht; denn die verschiedenen christlichen Confessionen haben, wo sie überhaupt zu bestehen berechtigt sind, auch das Recht, mit ihrem confessionellen Lehrbegriff zu bestehen. Wo der Mensch berechtigt ist, da ist mit ihm Alles berechtigt, was zu seinem menschlichen Wesen gehört; wo aber eine Religionsgesellschaft berechtigt ist, da muß man zugleich auch das als berechtigt anerkennen, was zum wesentlichen Begriff einer solchen Gesellschaft gehört.

Sie widerspricht ebenso offenbar der Gewissensfreiheit, welche fordert, daß ich in meinen Beziehungen zu Gott das für wahr halte und für wahr anerkenne, was ich vor meinem Gewissen als das Berechtigte erkenne, ohne Rücksicht darauf, ob andere Bekenntnisse diesem widersprechen. Einem Menschen im Namen der Parität zumuthen, alle in einem Land bestehenden Ansichten über Religion, über Christenthum innerlich für gleichberechtigt zu halten, heißt ihm das Recht seines Gewissens absprechen.

Sie führt endlich unfehlbar unter dem Scheine, als bringe sie den Frieden der Geister, zu Streit und Zank, zu enblosen

Denunciationen über verletzte Parität, und zu einer wahren Religionsverfolgung. Jene, die unter dem Scheine humaner confessioneller Duldung den Menschen diese Parität im Namen des Friedens zumuthen, handeln gerade so, wie etwa jene, die im Namen des Friedens und um den geistigen Kämpfen auf allen Gebieten des menschlichen Lebens, der Philosophie, der Politik u. s. w., ein Ende zu machen, den Menschen jedes Denken und Urtheilen verbieten wollten, wodurch sie mit Anderen in Widerspruch gerathen könnten. Wer diese innere Parität aller menschlichen Meinungen erzwingen wollte, der müßte einen Kampf gegen den Menschengeist beginnen; und wer jene Parität bezüglich der religiösen Meinungen erzwingen will, der muß einen Kampf gegen das religiöse Denken und gegen das Gewissen führen. Das würde nicht Frieden, sondern Krieg bringen.

Von Parität kann deßhalb nur im ersteren Sinne die Rede sein. Nur die rechtliche Parität darf geltend gemacht werden; nicht eine Gleichberechtigung aller staatlich anerkannten Confessionen vor dem Gesetze Gottes und der Wahrheit, sodern lediglich eine volle Gleichberechtigung derselben vor dem bürgerlichen Gesetze, hinsichtlich aller staatlichen Verhältnisse, also nur auf dem Boden des bürgerlichen und staatlichen Lebens.

Wenn dagegen der Einwand erhoben wird, daß eine solche Parität ja nicht aufrichtig sein könne; daß man unmöglich mit voller innerer Zustimmung eine Religionsgesellschaft nach den Staatsgesetzen für berechtigt halten könne, die man nach der Offenbarung für unberechtigt hält; daß eine solche Auffassung dem Gewissen widerspreche, indem der Staat nicht erlauben könne, was Gott verbietet; daß folglich diese Anschauung entweder zu Widersprüchen führe oder aber eine gewisse Unredlichkeit einschließe: so ist das Alles unrichtig und entspringt aus unklaren Vorstellungen. Der Staat läßt zahllose geistige Kämpfe unter den Menschen zu, ohne damit zu sagen, daß alle diese im Kampfe der Ansichten auftauchenden Gegensätze gleich gut, gleich recht oder gleich wahr seien. Er erkennt vielmehr mit dieser Zulassung lediglich an, daß die Entscheidung über diese Gegensätze weder in seiner Befugniß, noch in seiner Macht liege. Wenn wir nun behaupten, daß dieser Standpunkt des Staates ein richtiger sei, wenn wir dann auf Grund der bezüglichen staatlichen

Gesetze das Recht der freien Meinungsäußerung über wissenschaftliche u. dgl. Fragen auch für jene in Anspruch nehmen, die unseren Ansichten widersprechen, so liegt darin nicht die Behauptung, daß der Staat durch seine Gesetzgebung das Recht habe, Irrthümer zu sanctioniren, sondern nur die, daß er nicht der von Gott bestellte Gerichtshof sei, um diese Fragen zu entscheiden. Ganz so ist die Stellung der Staatsgewalt in paritätischen Staaten den verschiedenen berechtigten Confessionen gegenüber. Sie hat, wo mehrere Confessionen mit politischer Berechtigung bestehen, weder das Recht noch die Macht, über das an sich Wahre hinsichtlich des confessionellen Streites zu entscheiden. Der Staat sagt deßhalb nicht in der Gesetzgebung, wodurch er diese Confessionen gleichstellt, daß ihre confessionellen Gegensätze indifferent seien; er sagt auch nicht, daß alle gleichmäßig vor der ewigen Wahrheit berechtigt seien, sondern er spricht dadurch nur aus, daß er, wie über viele andere geistige Kämpfe, so auch über diese Glaubensfragen, die zwischen den Confessionen streitig sind, nicht entscheide, sondern sie gleichmäßig dulde, und die Entscheidung dem Gewissen der Menschen überlasse, weil diese Entscheidung nicht unmittelbar zu der Aufgabe gehört, die ihm Gott in der natürlichen Ordnung angewiesen hat. Dieser Auffassung kann aber der glaubenseifrigste Christ, sei er Katholik oder Protestant, aus ganzer Seele beistimmen, und er kann deßhalb eine paritätische Gesetzgebung unter solchen Verhältnissen vollkommen mit der treuesten Ehrlichkeit anerkennen; er kann sogar die staatlich-bürgerliche Rechtssphäre auch für solche rechtlich bestehenden Confessionen im öffentlichen Leben vertheidigen und Eingriffe des Staates abweisen, von denen er überzeugt ist, daß sie vor Gott und vor der ewigen Wahrheit nicht berechtigt sind. Er kann dies, ohne irgendwie mit seinem Gewissen oder mit einem vernünftigen Grundsatze in Widerspruch zu kommen. Am schärfsten kann man diesen Unterschied fassen unter dem Gesichtspunkte der Competenz. Ich kann als Richter einen Menschen freisprechen, von dessen Schuld ich vollkommen überzeugt bin, nicht etwa, weil er unschuldig ist, sondern weil ich nicht der competente Richter bin. So kann ich auch das Recht der Parität für eine Confession anerkennen, deren Glaubenssätze ich verwerfe, nicht weil ich den Irrthum für berechtigt halte, sondern weil ich den paritätischen Staat nicht für competent halte, hierüber zu entscheiden.

Das nun ist die wahre Parität; die Rechtsparität, die Parität auf dem Boden des Staates und der staatlichen Gesetzgebung. Die Anerkennung dieser Parität, ehrlich und aufrichtig, ist die einzige Garantie des religiösen Friedens.

Ueber die Rechte, welche diese Parität bezüglich des Staates einschließt, sagt Walter:

„Diese Parität begreift viererlei. Erstens das gleiche Recht der freiesten öffentlichen Religionsübung, mit allen dem Cultus und seinen Dienern zukommenden Rücksichten und Vorrechten. Zweitens die gleiche Anerkennung jeder Kirche als einer mit Eigenthumsfähigkeit begabten Corporation. Drittens die gleiche Fähigkeit ihrer Mitglieder zu den bürgerlichen und staatsbürgerlichen Rechten, wie die Bekleidung der öffentlichen Aemter. Viertens der gleiche Schutz jeder Kirche von Seiten der Staatsgewalt, die gleiche Berücksichtigung ihrer Bedürfnisse und Interessen in den Schulen und anderen öffentlichen Anstalten. Die Staatsregierung als solche muß, ganz abgesehen von dem persönlichen Bekenntniß des Landesfürsten, gegen jede Kirche die Stellung annehmen, als ob sie zu ihr gehörte. In der consequenten und aufrichtigen Durchführung dieses Gesichtspunktes liegt das Mittel, jeder Confession gerecht zu sein, und doch, da jede eine christliche ist, dem Staate seinen christlichen Charakter zu bewahren[1])."

Ueber das Verhältniß der Bekenner verschiedener Confessionen untereinander auf christlichem Boden in paritätischen Staaten sagt derselbe geehrte Verfasser:

„Wo die Religion nur eine menschliche Erfindung und etwas Nationales ist, kann sie auch andere nationale Religionen als den Göttern wohlgefällige Formen neben sich gelten lassen. Doch werden selbst dann die nach der tieferen Wahrheit und Weisheit forschenden religiösen und philosophischen Schulen, kraft des dem menschlichen Geiste eingeborenen Dranges, nach ihrer möglichsten Verbreitung durch die Bekämpfung und Ueberwindung der entgegenstehenden Irrthümer streben. Um so mehr muß dieses bei einer Religion der Fall sein, welche als eine geoffenbarte die Ge-

---

[1]) F. Walter, Naturrecht und Politik. Bonn 1863. S. 491.

währleistung ihrer absoluten Wahrheit und die Bestimmung für das Heil der ganzen Menschheit in sich trägt. Jede kirchliche Gemeinschaft, welche sich dieselbe zum Grunde legt, hält sich daher für die allein wahre, und die abweichende Auffassung der anderen Bekenntnisse für mehr oder weniger irrig. Sie muß daher die Pflicht empfinden, dieselben zu bekämpfen und zu widerlegen, und dadurch die wahre Lehre zur allgemeinen Geltung zu bringen. Dieser Kampf bewegt sich seiner Natur nach blos auf dem Gebiete der Wahrheit und Wissenschaft; er ist ein Kampf von Lehre gegen Lehre, der Wahrheit gegen den Irrthum, nicht gegen den einzelnen Irrenden. Er muß daher nur mit den Waffen der Wissenschaft, mit Würde und Ruhe geführt, und jede Einmischung persönlicher Erbitterung und Gehässigkeit vermieden werden. Mit den einzelnen Bekennern eines andern Glaubens kommt eine Kirche als solche in gar keine Beziehung, außer wenn sie sich bei ihr freiwillig um Belehrung und Aufnahme melden. Diese darf dann natürlich nur auf den Grund geprüfter fester Ueberzeugung gewährt, und es muß dabei die Einwirkung frembartiger Beweggründe oder gar des Zwanges durchaus ferne gehalten werden. Daß derjenige, welcher nicht Mitglied einer Kirche ist, von derselben nicht die Rechte und Ehren eines Mitgliedes verlangen könne, versteht sich von selbst."

„Was aber das Verhältniß der einzelnen Bekenner verschiedenen Glaubens zu einander betrifft, so ist zu unterscheiden. Hinsichtlich der Religionsübung muß sich Jeder treu an sein Bekenntniß halten, und er darf ohne Pflichtverletzung gegen seine Kirche an den religiösen Handlungen des Andern in dem Sinne nicht Theil nehmen, wie dieser als Mitglied seiner Kirche es thut. Er muß jedoch die religiöse Ueberzeugung des Andern in der Art achten, daß er keine Geringschätzung dagegen an Tag lege oder durch sein Benehmen Anstoß errege. Dem gebildeten Gefühle werden selbst die nicht christlichen Religionsformen in so fern Rücksicht einflößen, als ihnen immer die Vorstellung von Gott und das Bedürfniß einer Vereinigung mit Gott zum Grunde liegt. In dem bürgerlichen Leben aber müssen gegen Jeden ohne Unterschied des Bekenntnisses die Pflichten der Nächstenliebe geübt, und dieses von jeder Kirche ihren Mitgliedern auch als eine religiöse Verpflichtung eingeschärft werden. Es können sich daher auch die

Mitglieder aller Bekenntnisse zu Unternehmungen der Mildthätigkeit wetteifernd die Hände reichen. So sind durch das Christenthum die Wege gezeigt, mit der treuesten Anhänglichkeit an das eigene Bekenntniß gegen Andersgläubige die Toleranz und Humanität zu verbinden, welche die Perle der ächten Religiosität ist. In wie fern ein Einzelner auf den Religionswechsel eines Andern einzuwirken das Recht habe, ist von mehreren Unterscheidungen abhängig. 1)."

Diese rechtliche Parität enthält aber zwei wesentliche Rechte.

Erstens das Recht, daß jede Confession alle ihre Glaubenslehren, auch jene unverkürzt festhalten und bekennen dürfe, welche mit denen anderer staatlich anerkannter Confessionen in Widerspruch stehen. Die Hauptvorwürfe, welche namentlich Herr Prälat Dr. Zimmermann in Bezug auf die Lehre der Kirche mir macht, wurzeln ganz in der Verkennung dieses Rechtes. Er macht es mir zum Vorwurf, daß ich die Stellen der heiligen Schrift bezüglich der Kirche auf die katholische Kirche beziehe. Diese Auffassung entspricht nicht der wahren Parität, sondern jener falschen Parität. Es steht uns von Staatswegen auf beiden Seiten vollkommen frei, die Stellen der heiligen Schrift auf unsere Lehre anzuwenden und auch ausschließlich anzuwenden, und es kömmt lediglich darauf an, ob wir unsere Behauptung vor Gott und vor Christus rechtfertigen können. Wenn der Herr Prälat daher z. B. von uns die Anerkennung fordert, daß der Auftrag, den Christus seinen Jüngern gegeben hat, zu lehren, sich ebenso gut auf die Geistlichen der evangelischen Kirche beziehe, wie auf die Bischöfe der katholischen Kirche, welche in ununterbrochener Reihenfolge durch die Händeauflegung von den Aposteln abstammen, so sind wir freilich zu dieser Concession nimmermehr im Stande; da müßten wir aufhören, katholisch zu sein. Der Herr Prälat hat aber auch nicht das Recht, etwas Aehnliches im Namen der Parität zu fordern. Dagegen räumen auch wir vollkommen ein, daß der Herr Prälat diese unsere Lehre, der bürgerlichen, der staatlichen Ordnung gegenüber, gerade so offen und frei bestreiten kann, wie wir sie zu lehren für uns in Anspruch nehmen. Wenn dagegen der Herr Prälat im Namen der Parität uns das Recht bestreitet, diese und andere Controverslehren zu

---
1) Walter, Naturrecht. S. 479 ff.

behandeln, so wird bald auch der Unglaube kommen und dem Herrn Prälaten im Namen derselben Parität das Recht bestreiten, die Controverslehren zwischen dem Protestantismus und dem Unglauben zu lehren.

Uebrigens ist es bemerkenswerth, wie wenig man auch bei den Protestanten daran denkt, den Begriff jener falschen Parität selbst gelten zu lassen, und wie man vielmehr in weitester Ausdehnung davon Gebrauch macht alle Lehren des Protestantismus ohne alle Rücksicht darauf vorzutragen, ob sie der katholischen widersprechen. Das beweist sehr handgreiflich der kleine Katechismus von Luther, wie er jetzt in den Volksschulen unseres Landes gebraucht wird[1]). Derselbe nimmt sogar keinen Anstand die Controverslehren zwischen der evangelischen und der katholischen Kirche in einer Uebersicht nebeneinander zu stellen, was gewiß ein vollgiltiges Zeugniß dafür ist, daß man auch dort die Controverslehre als einen Theil des christlichen Unterrichtes betrachtet. Leider hat dabei die Lehre der katholischen Kirche die unglaublichsten Entstellungen erfahren. Da steht z. B. als Lehre der katholichen Kirche S. 157 ff.: „Die angeborne sinnliche Lust ist, ehe sie zur That wird, nicht sündhaft." Der Sinn der katholischen Lehre ist, daß die blose Versuchung der Begierlichkeit, insoweit sie gänzlich unfreiwillig ist, auch ohne Schuld und deßhalb ohne Sünde sei; hier hat es aber den Schein, als ob wir blos schlechte Werke als sündhaft anerkännten, nicht aber schlechte Gedanken und Begierden, was ja der Lehre der Kirche gänzlich widerspricht. Dann heißt es dort, nach katholischer Lehre könne der Mensch „folglich gerechter werden, als gerecht," was Unsinn ist. Ferner: Der Ablaß sei, „für Geld Nachlassung von Sündenstrafen spenden," eine Entstellung, für die es keinen anständigen Ausdruck gibt. Ferner: „Dem Bilde Christi solle man Anbetung erweisen," was geradezu der absurdeste Götzendienst wäre, u. s. w. u. s. w. Solche offenbare Unwahrheiten über den Glauben anderer Confessionen, solche überaus grobe Entstellungen, überdies in dem verbreitetsten Lehrbuch des Volkes, überschreiten gewiß alle Grenzen des Erlaubten und daher auch die überall vorausgesetzten nothwendigen Grenzen der Parität. Die protestantischen Kinder werden ja geradezu irregeführt über den Glauben ihrer katholischen Mitbrüder, wenn sie mit dem kindlichsten Vertrauen, daß

---

1) Dr. M. Luthers kleiner Katechismus. Darmstadt 1858.

man ihnen nichts Unwahres sagen werde, den Katechismus in die Hand nehmen und dann Lehren als Lehren der katholischen Kirche darin finden, die wir nicht nur nicht lehren, sondern als ebenso unsinnig wie gottlos verabscheuen. Wo Aehnliches vorkommen kann, sollte man sich doch um so mehr hüten, einfache Worte eines katholischen Bischofs, welche ohne alle Polemik, ja ohne die Protestanten nur zu nennen, schlichte Lehrsätze der katholischen Kirche ausdrücken, als „Verunglimpfungen und Herabwürdigungen des evangelischen Glaubens" zu denunciren. Dagegen erkennen wir auf dem Boden des staatlichen Lebens das Recht der Protestanten, in unseren paritätischen Staaten ihren ganzen Lehrbegriff unverkürzt auch da, wo sie uns widersprechen, vorzutragen, vollkommen an, und nehmen auch für uns dasselbe Recht unverkürzt in Anspruch. Wir müssen uns gegenseitig dieses Recht ehrlich einräumen, ohne kleinliche Empfindlichkeiten, Nergeleien und unbillige Anklagen, und uns zugleich vornehmen, von demselben immer im Geiste wahrer Gerechtigkeit und christlicher Liebe Gebrauch zu machen.

Zweitens enthält die wahre Parität das Recht, nicht nur die Lehre der eigenen Kirche zu verkündigen, sondern auch sie mit allen gerechten und erlaubten Mitteln zu vertheidigen und zu verbreiten. Die Worte Walter's über dieses Recht, wie über die Art, es in der rechten Weise zu üben, haben wir oben schon mitgetheilt. Aehnlich sagt der Protestant Richter in seinem weit verbreiteten Kirchenrecht: „Hierauf — nämlich auf Verhinderung unberechtigter Eingriffe in das Gebiet anderer Confessionen — zielt denn auch das in manchen Staatsgesetzgebungen ausdrücklich ausgesprochene Verbot der Controverspredigten und der Proselytenmacherei, b. i. des unsittlichen Bestrebens, für die eigene Kirche durch weltliche Mittel Mitglieder zu gewinnen. Nicht aber kann es den Gliedern einer Kirche untersagt sein, für die Heilsbotschaft, an welche sich ihre gläubigen Hoffnungen knüpfen, durch Belehrung Jünger zu werben; sondern dieses ist eben die Wirkung des nach Gemeinschaft ringenden lebendigen Glaubens und eine wesentliche Aufgabe der Kirche[1]." Sowie Richter also ein Bestreben, die Lehre der eigenen Kirche durch „unsittliche und

---

1) Richter, Kirchenrecht. 3. Auflage S. 108.

weltliche Mittel" zu verbreiten, verwirft, ebenso erklärt er dieses Bestreben mit sittlichen und geistigen Mitteln als eine nothwendige „Wirkung des lebendigen Glaubens" und als eine „wesentliche Aufgabe der Kirche." Dieser Grundsatz beruht zugleich wieder auf einem ganz allgemeinen Vernunftprincip, das bei allen Wahrheiten und auf allen Gebieten des menschlichen Wissens gleichmäßig Anwendung findet. Wer lebendig von einer Wahrheit überzeugt ist, muß in dem Maße, wie er von Liebe zu den Menschen erfüllt ist, wünschen, daß sie sich verbreite. Das ist der Grund der großen geistigen Bewegung, die wir in der Welt vor Augen sehen. Darum werden diese Millionen Blätter täglich angefüllt; nicht nur um die Tagesneuigkeiten herumzutragen, sondern um für die Grundsätze zu kämpfen, welche die vielen Schulen und Parteien, die Anhänger der verschiedensten Systeme für wahr halten. Das ist also auch ein geheiligtes Recht für die Wahrheiten der Religion, welche die höchsten und werthvollsten von allen sind.

Damit kommen wir wieder zum Herrn Prälaten Dr. Zimmermann zurück, der auch von diesem Rechte keinen richtigen Begriff zu haben scheint. Er macht nämlich in seiner Adresse gegen die Zulassung der Jesuiten geltend: „Was die Jesuiten waren und was sie sind, ist zur Genüge bekannt, und wie namentlich die Bekämpfung der evangelischen Kirche ihr Lebenszweck ist, hat die Geschichte in ihren grauenvollsten Thatsachen kund gethan." Wir lassen die „grauenvollen Thatsachen" auf sich beruhen. Bezüglich des Lebenszweckes der Jesuiten, die evangelische Kirche zu bekämpfen, bemerken wir aber zweierlei: Erstens haben die Jesuiten ganz in demselben Sinne es sich zur Aufgabe gestellt, den evangelischen Glauben zu bekämpfen, wie die Geistlichen der protestantischen Kirche es sich zur Lebensaufgabe gestellt haben, die katholische Kirche zu bekämpfen, nicht mehr und nicht weniger. Die Bekämpfung des Protestantismus ist nie und nimmermehr ein ausschließlicher Lebenszweck der Jesuiten gewesen. Sie haben gegen den Protestantismus gekämpft, wie die Protestanten gegen den Katholicismus, und ich will hier keinen Streit darüber anfangen, auf welcher Seite es mit der größten Heftigkeit geschehen ist. Es ist daher höchst unbillig, immer mit solchen Parteiredensarten um sich zu werfen, die so gar nicht wahr und aufrichtig die ganze Sachlage würdigen. Wenn in den vergangenen Jahrhunderten der confessionelle Kampf in den Vordergrund trat, so lag das ganz und gar in den Zeitverhältnissen. Ebenso liegt es in denselben, daß dieser Kampf in unsern Tagen in den Hintergrund getreten ist und in anderer Weise geführt wird. So unbillig es wäre, wenn ich all' die entsetzlichen Ausfälle protestantischer Schriftsteller ohne Weiters den protestantischen Geistlichen unserer Tage unterschieben wollte, ebenso unbillig ist das Verfahren des Herrn Prälaten den Jesuiten gegenüber. Zweitens bemerke ich aber, daß der Herr Prälat in einem paritätischen Staat es keinem Jesuiten und keinem andern Staatsbürger verwehren kann, die Bekämpfung der evangelischen Kirche sich zum Lebenszweck zu wählen, wenn ihm das so beliebt, ebensowenig wie ich das Recht habe, dem Herrn Prälaten oder einem andern Protestanten es zu wehren, wenn er sich die Bekämpfung der katholischen Kirche zum Lebenszwecke wählt. In beiden Fällen besteht nur die Pflicht, diesen Lebenszweck einzig mit rechtlich und sittlich erlaubten Mitteln zu erstreben. So lange dies geschieht, hat Niemand das Recht, sich zu beklagen. Es kömmt also darauf an, nicht mit allgemeinen Redensarten und auch nicht mit vorgeblichen „grauenvollen Thatsachen" aus verflossenen Jahrhunderten, sondern auf dem Boden des Gesetzes und mit geistigen Waffen gegen die Jesuiten mannhaft zu kämpfen und jene von ihnen offen anzugreifen, die sich im Kampfe gegen den evangelischen Glauben unerlaubter Mittel bedienen. Das ist die vielleicht nicht bequeme, aber nothwendige Consequenz der Parität.

An dieser Stelle muß ich noch eine andere Verletzung der wahren Parität hervorheben, die in den letzten Jahren oft an uns Katholiken geübt worden ist und die auch jetzt wieder in der vielgenannten Adresse der evangelischen Geistlichkeit an den Großherzog sich geltend macht. Nachdem nämlich die Adresse es für eine „schwere Beleibigung" des Großherzogs erklärt hat, daß die katholische Geistlichkeit „Allerhöchstdieselbe als Summus Episcopus der evangelischen Landeskirche gebeten hätte, den Jesuiten Allerhöchstderen Schutz angedeihen lassen zu wollen" fährt sie fort: „Von dieser Ueberzeugung sind wir um so lebhafter gerade an dem heutigen Tage durchdrungen, da wir an demselben das Gedächtniß Philipp's des Großmüthigen, des großen Ahnherrn Ew. Königlichen Hoheit feiern, der für die evangelische Kirche Hessens und das Werk der Reformation überhaupt so Großes gewirkt und für dies erhabene Streben seines ganzen Lebens so Schweres erduldet hat. Wir glauben darum auch, den heutigen Tag nicht besser begehen zu können, als wenn wir dem Beispiele Philipp's des Großmüthigen auf dem Reichstage zu Speyer folgend, mit aller Entschiedenheit Protestation einlegen gegen das die Würde und Selbstständigkeit unserer evangelischen Kirche tief verletzende Auftreten der katholischen Geistlichkeit, und Ew. Königliche Hoheit alleruntertänigst bitten, daß Allerhöchstdieselben geruhen wollen, die in der Bittschrift der katholischen Geistlichkeit enthaltenen Tendenzen, welche den Frieden in Kirche und Staat im höchsten Grade gefährden, mit aller Bestimmtheit zurückzuweisen." Ich frage nun zuerst jeden ruhigen Verstand und jedes billige Gefühl, ob es nicht ein Ueberschreiten alles Maßes ist, wenn der Herr Prälat hier die Bitte katholischer Priester an den Großherzog, sie gegen Unbilden, welche sie glauben von der Redaction eines Kalenders erfahren zu haben, zu schützen, eine „schwere Beleidigung" des Großherzogs, ein „die Würde und Selbstständigkeit der evangelischen Kirche tief verletzendes Auftreten" nennt; ja als Tendenzen bezeichnet, „welche den Frieden in Kirche und Staat im höchsten Grade gefährden." Das ist kein ruhiges gemessenes Urtheilen mehr, sondern ein leidenschaftliches, parteiisches Uebertreiben. Doch hierauf kömmt es mir in der citirten Stelle nicht eigentlich an, sondern ich will vielmehr in derselben das hervorheben, was so recht ein Verletzen des Standpunktes der Parität in sich schließt. Das aber liegt in dem Hereinziehen der Erinnerung an Philipp den Großmüthigen. Wir Katholiken kennen dies seit Jahren. Der ständige Refrain nach allen Klagen darüber, daß auch die Katholiken in unserem Lande gerecht behandelt werden, ist immer der Schmerzensruf: „Und das geschieht in unserem Lande, im Lande Philipp's des Großmüthigen!" Selbst die Fortschrittspartei, aus der gewiß nur Wenige, obwohl sie im Großherzogthum leben, daran denken, sich nach den Grundsätzen Philipp's des Großmüthigen in ihren religiösen Ansichten bestimmen zu lassen, hat uns diese Phrase ohne Unterlaß zugerufen. Uns war das immer ein merkwürdiges Zeichen der Ungerechtigkeit gegen uns. Was kann diese Erwähnung bedeuten? Das heutige

Großherzogthum mit allen altkatholischen Landestheilen ist schon an sich der Grenze nach nicht das Land Philipp's des Großmüthigen. Oder kann man damit sagen wollen, der Großherzog solle seine katholischen Unterthanen nach den religiösen Grundsätzen Philipp's des Großmüthigen regieren? Damals bestand unbestritten das jus reformandi, dieses grauenvolle Recht, nach welchem die Landesherren es als ein Fürstenrecht betrachteten, den Glauben ihrer Unterthanen zu bestimmen. Will man etwa den Großherzog damit auffordern, das jus reformandi gegen uns Katholiken zu üben? Oder wollen diese Männer, welche dem Großherzog ohne Unterlaß zurufen: „Du bist ja der Descendent Philipp's des Großmüthigen; wie kannst du wagen, in einem anderen Sinne, als dem seinigen, deine katholischen Unterthanen zu behandeln!" dem Großherzog ein ähnliches Recht über ihr Gewissen einräumen? Das Alles fällt ihnen gar nicht ein. Sie leben im Lande Philipp's des Großmüthigen; aber sie sind weit entfernt, dem Großherzog außer den verfassungsmäßigen Rechten ein politisches oder religiöses Recht Philipp's des Großmüthigen zuzugestehen. Es ist also dieser Hinweis auf Philipp den Großmüthigen nur ein Mittel, uns Katholiken zu kränken; oder wenn es möglich wäre, den hohen Gerechtigkeitssinn des Großherzogs irre zu führen. Das ist das specifisch Unwürdige in diesem Verfahren. In keinem deutschen Lande nennt man jetzt bei Feststellung der Rechtsverhältnisse unter den verschiedenen Confessionen die Namen der Fürsten, die recht mitten in jenen Religionskämpfen standen, weil man die gänzliche Verschiedenheit der Verhältnisse anerkennt, weil man auch den Schein einer Verletzung meiden will, weil man weiß, daß die Verhältnisse eines Landes, in dem ein Fürst nach dem Princip: cujus regio, ejus et religio herrschte und jede andere Confession mit Gewalt unterdrücken konnte, nichts zu thun haben mit den Verhältnissen der Gegenwart, in solchen Ländern, in welchen die Rechtsparität anerkannt ist. Nur bei uns geschieht das mit großer Ostentation, um in dem Herzen eines gerechten Landesfürsten entgegenstehende Gefühle anzuregen. Das ist ein betrübendes Zeichen und zugleich ein Beweis, wie gänzlich man die Grundsätze der wahren Parität verkennt.

Endlich will ich noch darauf hinweisen, daß der Begriff der

falschen Parität ein ächtes Kind unserer Zeit ist und mit allen negativen Zeitrichtungen der Gegenwart innig zusammenhängt. Er hängt innig zusammen mit der negativen Toleranz [1]), mit der

[1]) Ich sage hierüber in einer andern Schrift: „Wir müssen uns aber diese antikatholische Intoleranz, die vielen unserer Landsleute in Fleisch und Blut übergegangen zu sein scheint, noch etwas näher ansehen. Wir werden dann erkennen, wie sie den Begriff der wahren Toleranz gänzlich entstellt hat.

Sie — diese antikatholische und vielfach antichristliche Intoleranz — behauptet nämlich vor Allem, die Toleranz selbst zu sein und führt dadurch den großen Haufen des Publikums irre; sie behauptet sogar, daß die Toleranz ihr eigentliches Wesen sei und daß sie nicht eigentlich den Katholicismus bekämpfe, sondern die Intoleranz im Katholicismus. Dem Nachweis, wie intolerant dieser, wie tolerant dagegen sie selbst sei, widmet sie täglich viele Spalten ihrer Blätter. Sie redet daher auch unendlich viel von Gewissensfreiheit, Religionsfreiheit, von der Duldung aller religiösen Ueberzeugungen. Das scheint dann um so mehr tolerant, wenn man überdies vorgibt, alle diese religiösen Ueberzeugungen lediglich aus der reinsten Menschenliebe zu dulden. Was kann doch toleranter sein, als alle religiösen Ueberzeugungen dulden; was menschenfreundlicher, was liebenswürdiger, als sie alle dulden aus reiner Menschenliebe?

Und doch ist das Alles nur Schein, nur Scheintoleranz, im Wesen aber das gerade Gegentheil — vollendete Intoleranz. Diese Geistesrichtung duldet nämlich alle religiösen Ueberzeugungen nur in dem Sinne, daß Keiner mehr eine religiöse Ueberzeugung haben darf; sie tolerirt alle Glaubensbekenntnisse unter der Bedingung, daß Keiner mehr auf ein Glaubensbekenntniß irgend welchen Werth lege. Es ist interessant zu sehen, wie sehr diese moderne Toleranz selbst mit der geistigen Anlage der menschlichen Natur in Widerspruch kommt und nothwendig zur größten Intoleranz führen muß. Jede religiöse Ueberzeugung setzt logisch nothwendig eine religiöse Wahrheit voraus, von der man überzeugt ist; jede religiöse Wahrheit aber, von der man wahrhaft überzeugt ist, schließt ebenso nothwendig in dem, welcher sie hat, jede andere ihr widersprechende religiöse Ueberzeugung aus. Jedes religiöse Bekenntniß setzt logisch nothwendig eine religiöse Erkenntniß voraus; jede religiöse Erkenntniß aber schließt wieder nothwendig ihr Gegentheil aus. Man kann nicht zugleich eine wahre religiöse Ueberzeugung haben und die widersprechende religiöse Ueberzeugung Anderer aus angeblicher Menschenliebe für ebenso wahr halten. Man kann nicht eine wahre religiöse Erkenntniß in sich tragen und zugleich aus demselben menschenfreundlichen Grunde die entgegengesetzten Erkenntnisse Anderer für ebenso innerlich berechtigt halten. So ist der Menschengeist beschaffen, wenn er nicht seiner Vernünftigkeit entsagen will. In dieser seiner Anlage aber haben wir nach moderner Anschauung schon die hellste Unduldsamkeit, schon wieder Trennung des Menschen vom Menschen, schon wieder den beginnenden Ultramontanismus und Jesuitismus, schon wieder heillose Lieblosigkeit, schon wieder ein Sonderbündniß, welches das negativen Begriffsbestimmung der Freiheit, welche das Wesen des modernen Liberalismus ist, indem sie die Freiheit weniger in der

allgemeine Menschenbündniß beeinträchtigen will. Um diese „Intoleranz" zu vermeiden, muß man das Recht der wahren religiösen Ueberzeugung bestreiten, das Recht jeder religiösen Erkenntniß negiren. Das aber ist nun so recht eigentlich die Natur der modernen Toleranz mit ihrer angeblichen allgemeinen Menschenliebe. Sie ist die Leugnung der Berechtigung einer religiösen Ueberzeugung; sie ist die Intoleranz gegen alle überzeugungsvollen Religionsbekenntnisse; sie ist daher vollendete Intoleranz und zugleich vollendete Unvernunft.

Das ist die unerträgliche Lüge, unter deren Bann der christliche Glaube in vielen Gegenden Deutschlands sich jetzt befindet. Unsere Gegner fließen über von Liebe, Menschenfreundlichkeit und Toleranz; in allen ihren Organen preisen sie diesen ihren Geist und klagen über die Intoleranz der Katholiken, über die Intoleranz ihrer Dogmen, ihrer Priester, ihrer Gebräuche u. s. w. und alle diese angebliche Toleranz und Duldung ist doch nur schmähliche Täuschung, nur Schein mit bodenloser Unduldsamkeit, nur eine Toleranz der Negation, nur Toleranz des Nichts bezüglich der Religion. Hier haben wir den Kern der Sache getroffen und den eigentlichen Ausdruck für sie. Die moderne Toleranz ist die Toleranz der Negation, des Nichts, und daher nothwendig die höchste Intoleranz gegen die Affirmation und die Position. Das ist die heillose Gaukelei, die man jetzt in Deutschland mit uns Katholiken treibt und in ähnlicher Weise auch mit gläubigen Protestanten. Das ist der Trug, mit dem man uns zerrt und neckt und höhnt. Wir sind die Friedensstörer in Deutschland, wir sind die Intoleranten; denn wir behaupten ja, wir bekennen, wir glauben, wir haben eine Religionslehre, die wir aufrichtig und wahrhaft für wahr halten, so daß wir, weil wir sie aufrichtig und wahrhaft für wahr halten, und weil wir das Unglück haben, einen Geist zu besitzen, der nicht im Stande ist, dasselbe zugleich zu bejahen und zu verneinen, — von denen, die anders glauben, die Ueberzeugung hegen, daß sie sich im Irrthum befinden.

Damit ist aber unser Verbrechen constatirt; damit ist bewiesen, daß wir uns gegen die allgemeine Menschenliebe versündigen, daß wir in namenloser Intoleranz alle Anderen ausschließen, die nicht dasselbe behaupten, bekennen und glauben. Nur Eines ist erlaubt vor diesem Geiste, — das Nichts, nichts mehr bekennen, nichts mehr glauben, nichts mehr behaupten: so fordert es die wahre Humanität, das allgemein Menschliche, der allgemeine Bund der Liebe. Diese Toleranz des Nichts tolerirt nichts mehr als das Nichts. Sie kann selbstredend das Sein und das Leben nicht mehr toleriren; sie ist die Toleranz des Todes, der das Leben nicht mehr duldet, die Toleranz der Lüge, welche die Wahrheit nicht mehr duldet, die Toleranz der Negation, welche die Affirmation nicht mehr duldet. Wie muß sie deßhalb die katholische Kirche hassen! Mit diesem Trugbilde hat man die öffentliche Meinung des christlichen Volkes verfälscht. Es unterscheidet nicht mehr diesen Trug von der Wahrheit, individuellen Berechtigung als nach der negativen Bestimmung der allgemeinen Gleichheit auffaßt; er hängt endlich innig zusammen mit dem ganzen Strome des religiösen Indifferentismus, welcher unfehlbar zur Negation aller religiösen Wahrheit führt. Auf dem Boden der wahren Parität, reiche ich dagegen einem jeden Gegner gern die Hand. Wir sind, das ist der große Schmerz aller derer in Deutschland, die noch an Christus festhalten, im Glauben getrennt, und es ist nicht in unsere Macht gegeben, diese tiefe Spaltung aufzuheben. So wollen wir denn wenigstens friedlich zusammenwirken auf dem Boden der wahren Parität; wollen, so viel wir vermögen, die christlichen Wahrheiten, die wir verkünden, auf allen Gebieten des Lebens in dem christlichen Volke verwirklichen, das uns folgt. Das ist der Weg, auf dem sich endlich zeigen muß, wo die Wahrheit ist, über die wir streitig sind. Gott wird dann entscheiden, wer Recht hat bezüglich der wahren Lehre Christi und diese Entscheidung wird endlich auch mit Gottes Gnade und Erbarmung zu der ersehnten Wiedervereinigung führen.

---

die falsche Toleranz von der wahren Toleranz, die es im Grunde liebt. Mit diesem Trugbilde hat die Toleranz der Lüge der Lehranstalt der Wahrheit den Schein der Intoleranz angeheftet und die Gefühle vieler Menschen so verfälscht, daß man uns bereits in manchen Gegenden beschimpfen kann, wie man will, alles im Namen moderner Liebe und Toleranz. (Die öffentliche Beschimpfung der katholischen Kirche auf der Bühne. Mainz 1868. S. 14 ff.)

Anhang.

Ich habe einen durch seine schriftstellerischen Leistungen ausgezeichneten Fachmann ersucht, mir, ganz abgesehen von meiner Person, nach den Regeln und Gesetzen der Sprachlehre eine philologische Erklärung über den Sinn der incriminirten Stelle des Hirtenbriefes vom Jahre 1855 zu geben. Dessen Arbeit, durch welche, wie ich glaube, meine Darstellung vollkommen bestätiget wird, theile ich hier nachträglich im Anhange mit:

Um zu erkennen, was in dem Satzganzen: „Seitdem ist mit dem alten Glauben auch die alte Treue mehr und mehr geschwunden, und alle Schlösser und Riegel.... vermögen uns nicht das Gewissen zu ersetzen," von der Treue und dem Gewissen ausgesagt ist; betrachten wir den ersten Hauptsatz, wo von der Treue, dann den zweiten, wo vom Gewissen die Rede ist, zuletzt beide in ihrer Verbindung.

Im ersten Hauptsatze ist von der Treue behauptet, daß sie mehr und mehr geschwunden sei. Nach Heinsius, Campe u. s. w. ist schwinden 1) = vermindert werden, abnehmen; aber auch 2) = aufhören zu sein, wiewohl für das gänzliche Aufhören das Wort verschwinden gebraucht werden kann. Daß in dem vorliegenden Satze das Wort in der ersten Bedeutung und nicht in der zweiten genommen werden muß, beweist das Adverbium mehr und mehr, was nach allen Autoritäten gleichbedeutend ist mit: „je länger, desto stärker." Sonach kann es mit dem Begriffe des gänzlichen Aufhörens gar nicht verbunden werden. Man kann nicht sagen: „Er ist mehr und mehr gestorben," dagegen: „Seine Kräfte schwinden mehr und mehr = nehmen mehr und mehr ab."

Der Sinn des ersten Hauptsatzes kann also nur sein: Mit dem

alten Glauben hat die alte Treue je länger, desto stärker abgenommen. Aber auch diese Behauptung ist beschränkt durch das Attribut „alte". Es ist nicht einerlei, wenn ich sage: „Bei diesem Menschen hat die alte Treue abgenommen," und wenn ich sage: „Bei diesem Menschen hat die Treue abgenommen." Ersteres ist = er ist nicht mehr so treu, wie früher, Letzteres = er ist nicht mehr ganz treu.

Wer demnach in den ersten Hauptsatz den Sinn legt: „Bei dem deutschen Volke ist die Treue abhanden gekommen," der legt in denselben mehr und Schlimmeres hinein, als in Wirklichkeit darin liegt.

Im zweiten Hauptsatze wird allerdings von einem zu ersetzenden Gewissen geredet, und ein zu ersetzendes Gewissen setzt in der That ein abhanden gekommenes voraus, an dessen Stelle etwas Anderes gesetzt werden soll. Dagegen kann der Gedanke, „Schlösser und Riegel u. s. w. vermögen uns das Gewissen nicht zu ersetzen," ebensowohl eine Sentenz sein (Wer immer sein Gewissen verloren, dem vermögen u. s. w.), wozu das Fürwort „uns" ganz und gar berechtigt, oder er kann auf Einzelne, oder auf die ganze Nation gehen.

Um den vollständigen Sinn zu erhalten, müssen wir diesen Hauptsatz in Verbindung mit dem ersten auffassen und dazu nöthigt auch die grammatische Form, da er durch die Conjunktion „und" mit dem ersten Satze in der That verknüpft ist. Ihn aus diesem Zusammenhange herauszureißen und für sich allein auszulegen, dazu ist kein Leser berechtigt. Das Ganze ist eine Satzverbindung, demnach auch eine Gedankenverbindung. Zwei Gedanken können aber nur sprachlich mit einander verbunden werden, wenn sie logisch in einer Beziehung zu einander stehen. Diese Beziehung liegt hier in den beiden Worten Treue und Gewissen. Entweder ist Gewissen synonym genommen mit Treue, indem der Verfasser die Wiederholung desselben Wortes vermeiden wollte, oder der eine Begriff ist die Ursache, der andere die Folge, oder beide Begriffe sind die Folgen des Glaubens. Demnach ist nur folgender Gedankengang möglich:

Entweder: 1) Mit dem alten Glauben ist die alte Treue mehr und mehr geschwunden, und alle Schlösser u. s. w. vermögen diese alte Treue (= Gewissenhaftigkeit = das Gewissen) nicht zu ersetzen.

Oder: 2) Mit dem alten Glauben ist die alte Treue und in Folge davon das Gewissen mehr und mehr geschwunden, und alle Schlösser u. s. w.

Oder: 3) Der alte Glaube ist mehr und mehr geschwunden, in Folge davon auch die alte Treue und das Gewissen u. s. w.

Mögen wir die Sache so oder so nehmen, immer bezieht sich die Aussage „mehr und mehr geschwunden" auch auf das Gewissen und im zweiten Satze wird darum nur gesagt, in wieweit dasselbe abgenommen, lasse es sich nicht ersetzen u. s. w.

Könnte man aber vielleicht nicht so suppliren: In Folge der Abnahme des Glaubens ist die alte Treue mehr und mehr geschwunden und das Gewissen ist ganz abhanden gekommen, und Schlösser und Riegel u. s. w.?

Diese Auslegung wäre eine willkürliche, weil sie sich weder logisch, noch grammatisch rechtfertigen läßt. Logisch nicht; denn wenn ich Jemanden alle Gewissenhaftigkeit abspreche, so muß ich ihm auch a l l e Treue absprechen. Ich kann nicht sagen: „Dieser Mensch ist zwar noch einigermaßen treu, aber gar nicht gewissenhaft." Das ist Unsinn. Hier im Zusammenhange wäre eine solche Behauptung noch unsinniger. G r a m m a t i s c h läßt sich die obige Auslegung noch weniger rechtfertigen. Es geht nicht an, einen ganzen Gedanken in einen Satz ohne Weiters hineinzuschieben, der gar keine Beziehung zu irgend einem Worte des Satzes hat, woraus ich ihn erschließen könnte. Das Wort „ersetzen" berechtigt dazu nicht, weil ich auch diesen Ausdruck eben so wohl vom Theile gebrauchen kann, sobald dieser Theil im Vorausgehenden bezeichnet ist, wie hier durch die Aussage „mehr und mehr geschwunden."

Gilt endlich etwa der Vorwurf den Protestanten allein, und nicht den Katholiken? — Wenn ein katholischer Bischof das Fürwort „uns" gebraucht: „Schlösser u. s. w. vermögen u n s nicht das Gewissen zu ersetzen," so hat er sicher auch die Katholiken im Auge. Aus dem Nachfolgenden ergibt sich dieses um so mehr.

www.ingramcontent.com/pod-product-compliance
Lightning Source LLC
Chambersburg PA
CBHW032243080426
42735CB00008B/986